我々は政権を奪取する

諸派党構想

NHKと裁判してる党弁護士法72条違反で 党首

立花 孝志

日本橋出版

序章

第50回衆議院議員総選挙で我々は政権を奪取する。

令和7年（2025年）までに行われる第50回衆議院議員総選挙で、私たちは政権を奪取します。

法螺でもはったりでもなく、真面目な話です。

20年以上公職選挙法を読み込み、選挙制度を研究し、そして自ら政治団体を立ち上げ、何十人もの普通の人間を当選させ、国政政党を立ち上げることに成功しました。

そこに甘んじることなく更に考え続けました。「正直者がバカをみない世の中」を作るためにはどうすれば良いか、を。

そして、ついに庶民の手に政治を取り戻す方法を発明しました。この本ではその方法を披露いたします。

目次

第一章

政治と生活

政治はあなたと無関係ではない

新型コロナウィルス騒動で私たちの生活は一変しました。

運動会や各種発表会、卒業式、成人式が中止された地域もありました。リモートワークが普及して通勤する人が減少した結果、つぶれるクリーニング店が現れ、化粧品や靴が売れなくなり、飲食店ではお酒が提供できなくなりました。

「自粛要請」という言葉がテレビで繰り返し報道され、休業はしても十分な補償はなされず、庶民の生活は苦しくなる一方です。しかし、不思議なことにこのコロナ禍で日経平均は30年ぶりの高値に回復したのです。何かがおかしいとは思いませんか。

国民は目隠しをされている

政治が自分たちの生活と無関係でないことに多くの国民が気付いたはずです。では、なぜ今まで多くの国民は政治に無関心だったのでしょう。既得権者によってそうに仕向けられていたから、とは考えられないでしょうか。そして、関心を持ったとしても何も変えられないように仕組まれているのです。どうせ何をやっても政治の世界は変わらない。変わらないどころか、政治の世界にチャレンジして、敗れ、大金を失い、世間からバッシングを受ける人たちの姿を見せつけられて、庶民は政治にチャレンジすることを恐れ、あきらめ、無関心になっていった、そのように私は考えています。

問題は選挙制度にある

庶民が既得権者に搾り取られ続けるのは、政治に原因があります。庶民の代表が政治の世界に新規参入できないから庶民にとって不利なルールが作られるのです。政治とは法律や条例といった社会のルールを作ることです。

ではなぜ庶民が政治の世界に新規参入できないのか。その原因は選挙制度にあります。

みなさんは日本の選挙制度がどのようになっているのかご存知でしょうか。衆議院議員総選挙の比例代表制選挙区が、いくつのブロックに分かれているか答えられますか。なぜ複数のブロックに分割されているのか理由を考えたことがありますか。あなたが答えられなかったとしても、それはきっとあなただけではありません。

自分の生活に大きな影響を与える力を持っているのに、多くの人は政治に関心がありません。繰り返しますがそのように仕組まれていると私は考えています。日本の政治を変えるためには今まで政治に関心がなかった人に、関心を持っていただくことが必要です。

そのために、この本では初歩的なことから説明します。分かっているところは飛ばして読んでいただいて構いません。あるいは、おさらいのために目を通していただくのも良いかもしれません。

また諸派党構想を発明した私、立花孝志の半生についても書かせていただきました。私がどのような人物であるかを知っていただくことで、諸派党構想をより信頼し、期待していただきたいと考えたからです。

その後、庶民の手に政治を取り戻す方法を紹介します。今あるルールの中で参入障壁を突破する方法です。まさに選挙の発明です。5年以内に世の中は大きく変わります。どうぞワクワクしながら読んでください。そして一緒に日本の政治を変えていきましょう。

第二章

NHK問題

ＮＨＫをぶっ壊す！

「ＮＨＫをぶっ壊す！」でおなじみの立花孝志です。「ＮＨＫから国民を守る党」から党名を変更して、令和３年８月現在で「ＮＨＫと裁判してる党弁護士法72条違反で」を名乗っています。倒置法を使って大事な言葉を前にもってきました。私の肩書きは、「ＮＨＫと裁判してる党弁護士法72条違反で党首」となります。

私たちはＮＨＫから被害を受けている方をお守りしつづけ、ＮＨＫ集金人の弁護士法72条違反を裁判を通じて追及し続けています。ＮＨＫの問題点をただ追及しているのではなく、裁判をしているところがポイントです。このことを国民の皆様に知っていただくために「ＮＨＫと裁判してる党弁護士法72条違反で」と党名変更しました。党名変更はお金を掛けずに出来る効果的な周知方法です。

ＮＨＫ集金人の弁護士法72条違反

私たちが行っているＮＨＫ集金人の弁護士法72条違反の追及が効いていてＮＨＫは放送受信契約の新規獲得が大幅に減少しています。ＮＨＫは民間企業なので受信料が集まらなくなれば経営がなりたたなくなります。状況に即した経営をせざるを得なくなり、様々な改革が行われる中で、3年以内にはＮＨＫのスクランブル放送は実現すると私は予想しています。

なぜそのようなことが分かるのかと言うと、私はかつてＮＨＫの職員であり経理で働いていました。ＮＨＫの予算も作成していたのでＮＨＫの経営状況が良く分かるのです。今でもＮＨＫ内部に協力者がいて内部情報を入手することが可能です。

ＮＨＫ問題の次は

ＮＨＫをぶっ壊すのはもう時間の問題です。仕掛けは施し終えました。ＮＨＫは変わらざるを得ないでしょう。そしてＮＨＫが変われば日本は変わります。なぜか。テレビは国民を洗脳する装置だからです。テレビは核兵器に勝る武器です。そして、全国に放送局を持つＮＨＫの影響力は減弱したとはいえ未だに健在です。科学者で中部大学教授の武田邦彦先生がコロナ禍のことを「テレビウィルス」と称しているくらいです。

テレビ局の中で最強であるＮＨＫが変われば日本は変わりやすくなります。

そこでＮＨＫの次は、既得権益をぶっ壊しに行きます。既得権益者というのは大した仕事もしていないのに沢山のお給料をもらっている人のことだと考えてください。古い制度にしがみついて生産性の低い仕事で沢山のお金を貰っている人たちのことです。

既得権益をぶっ壊しても、また新たな既得権益が生まれてくるものなので、正確に言うと「ぶっ壊す」よりも「入れ替え」をしたいのです。今、既得権益側にいない人にチャンスを与えたい、そのために政権奪取を目指すのです。

ＮＨＫ職員へ

私は退職してからもずっとＮＨＫの放送現場や営業現場の実態を調査して来ました。ＮＨＫ職員にはもうこれ以上罪を重ねてほしくありません。あなた方のやっている仕事が本当に視聴者の為になっているか、どうしたら「胸を張ってＮＨＫ職員です」と再び言える日が来るのか考えてみてください。ＮＨＫ自らが変わることができる時間は、僅かながら残っています。家族を守るとか組織（ＮＨＫ）を守る、という目先の事ばかり考えずに、社会を守らなければ家族も組織（ＮＨＫ）も守れない事に気付いてほしいと切に願っています。

不二家や赤福は正直に謝罪したから今も営業しています。船場吉兆は嘘に嘘を重ねた結果潰れました。ＮＨＫは船場吉兆と同じ運命をたどってはいけません。

第三章

公民のおはなし

なぜ公民か

２０２５年までに政権を奪取します。その方法として諸派党構想というものを発明しました。この発明によって従来政治に興味のなかった人たちが政治に参加するようになります。

諸派党構想を発表してから僅か3か月で既にそのような現象が現れています。諸派党構想の情報が広まれば確実に大きなうねりとなり、政権奪取につながります。現在、約半数以上の人たちは投票に行っていません。つまり自民党や立憲民主党と言っても、実はそんなに多くの国民から支持されているわけではないのです。

諸派党構想が理解されれば、従来、政治に関心のなかった人たちも投票に行くようになります。ただ、政治に関心のなかった人たちは、政治に対する知識が不足しています。諸派党構想を理解していただくには、ある程度の政治と選挙に対する知識が必要です。

学生時代に公民で勉強したかもしれませんが何年も経っていて覚えていない人もいると思いますので、できるだけ簡単に政治と選挙について説明します。

この国のかたちと憲法

日本とはどういう国なのでしょう。主権が国民にあり、象徴として天皇がいて、平和主義で、基本的人権を尊重する国です。そういうことが憲法に書いてあります。憲法は政治家に義務を課し、国民に権利を与えるものです。

三権分立

国家権力が一か所に集中して暴走しないように、三つに分割してそれぞれが監視し、けん制しあうような仕組みになっています。これを三権分立と言います。三権とは立法権、行政権、司法権の三つです。

立法権

三権の中で最も尊重されているのが立法権です。憲法第四十一条には次のように書いてあります。

「国会は、国権の最高機関であって、国の唯一の立法機関である」

私は千件以上の裁判を経験してきましたが、裁判所は国会が決めたことをなかなか否定しません。「立花さんの言うことには一定の合理性はあるが、司法は著しく合理性を欠いていなければ立法府が決めたことを尊重します」と裁判官から教わりました。

主権者である国民が選挙によって国会議員を選びます。行政府や裁判所で働いている人は選挙で選ばれていません。国会議員によって構成されている立法府の決めたことが尊重されるというのはもっともなことなのです。

民意無視の国会議員

国会議員はとても強い権力を持っています。死刑制度を存続するか、廃止するかも国会議員は決めることができます。罰として人を殺す権限を行政に与えているのは国会議員なのです。

ＮＨＫを見ていない人からお金を取るように決めているのも国会議員です。国民の半数以上が現在のＮＨＫ受信料制度に反対しているにも関わらず、です。これは国会議員が国民のことなどは考えていない証拠です。

そして、「国会議員を決める方法」を決めることができるのも国会議員です。新しい政党の政治家が国会議員になれないようにして、自分たちが繰り返し当選できるようにしているのも国会議員です。その仕組みは後程詳しく説明します。新興勢力、少数派を合法的に差別する仕組みです。

二院制

国会議員には2種類います。衆議院議員と参議院議員です。衆議院議員は代議士とも言います。国会には衆議院と参議院があるので二院制と言われています。

衆議院の優越

国会では衆議院と参議院のそれぞれで話し合い物事を決めています。衆議院と参議院で意見が分かれた時は衆院選で決まったことが採用されます。衆議院の優越とはざっくりと言うとこんな感じです。

「法律案の議決」「予算の議決」「条約の承認」「内閣総理大臣の指名」「予算先議権」「内閣不信任決議」および「内閣信任決議」といったところで衆議院の優越があります。

参議院議員でも総理大臣になることはできますが、歴代総理大臣は全て衆議院議員です。

ちなみにＮＨＫ予算案は衆参両院の承認が必要で、衆議院の優越規定はありません。

衆議院

衆議院議員の任期と解散

衆議院議員の任期は４年です。しかし、解散が行われると任期満了前に衆議院議員はその地位を失います。

任期満了前に解散をすることで、重大な政治課題について民意を問う、という建前になっています。選挙で多くの議席を取ったということは、多くの国民に指示をされているということだ、と言いたいのです。しかし、解散するのかしないのか、いつするのかは事実上、総理大臣が決定しています。

総選挙

衆議院議員選挙のことを総選挙と言います。ただし、衆議院議員選挙でも再選挙や補欠選挙のことは総選挙とは呼びません。解散か任期満了によって行われる衆議院議員選挙のことを総選挙と言います。

総選挙が行われた後、内閣は総辞職します。大臣がみんな辞めるということです。つまり内閣総理大臣も辞めるので、また、新しい内閣総理大臣を選びます。そして、総理大臣の指名は衆議院の優越がありますので、総選挙は政権選択選挙とも呼ばれています。

衆議院議員の選挙方式

衆議院議員の人数は４６５人です。これだけの人数を全国一斉に選挙で選びます。その方法は、小選挙区比例代表並立制と呼ばれています。

小選挙区制（衆議院議員選挙）

衆議院議員選挙においては、日本全国を289の選挙区に分割し、1つの選挙区から1人だけが当選する方式を小選挙区制と呼んでいます。

比例代表制（衆議院議員選挙）

総選挙では176人が比例代表制と呼ばれる選挙方式で選出されます。比例代表制では全国を11のブロック（選挙区）に分けます。各政党の票数に比例して候補者に議席を分配するので比例代表制と呼ばれています。各ブロックで複数名が当選します。

総選挙の比例の場合、個人名ではなく政党名を書くことになっています。これを「拘束名簿式比例代表制」と言います。

11のブロックに分かれている、というのがポイントです。後程、この理由について解説いますが、なぜ総選挙の比例代表制では全国を11のブロックに分けているのか考えてみてください。

参議院

参議院の存在意義

参議院で調査をして、話し合い、意思決定を行っても、衆議院と意見が違った場合、衆議院の決定がほぼ優越します。参議院なんかいらないような気もしますが、なぜ参議院は存在するのでしょうか。

1つには、人間は間違えるものであるという前提に立ち、国の審議を慎重にするため、ということが言われています。衆議院の決定が参議院で否決された場合、即、常に衆議院の決定が採用されるわけではなく、法律案の場合、衆議院に議題を戻して出席議員の3分の2以上が賛成することで再可決されます。

また、衆議院が解散した場合、もし一院制でしたら国会議員が不在の期間が生じてしまいますが、二院制を取ることでその状況を回避することができます。

参議院議員の任期と解散

参議院議員の任期は6年です。参議院に解散はありません。私は参議院選挙に当選後、3か月弱で議員を辞めましたが、通常、参議院議員は任期を全うします。

参議院議員は6年に一度、一斉に選挙して総入れ替えを行なっているという訳ではありません。3年ごとに参議院議員の半分ずつで選挙をして入れ替えを行います。このため衆議院のように、解散になって参議院議員が全員いなくなる、ということがありません。参議院のこの仕組みによって常に国会議員が存在するようになっています。

参議院議員通常選挙

衆議院の総選挙に当たるのが参議院議員通常選挙です。参議院議員の任期満了に伴って3年ごとに行われる選挙のことを指します。再選挙や補欠選挙は参議院議員通常選挙には含まれません。

衆議院の選挙は解散があるため、いつになるのかが分かりませんが、参議院議員の通常選挙はスケジュール通りに行われます。

参議院議員の選挙方式

参議院議員の人数は現在245人です。令和4年7月26日以降は248人（選挙区148人、比例代表100人）になります。参議院議員通常選挙は比例代表選挙と選挙区選挙で構成されています。

選挙区選挙（参議院議員通常選挙）

参議院議員通常選挙の選挙区選挙では、都道府県単位を選挙区とします。多くの選挙区では定数は1人ですが、人口の多い地域の定数は複数名となります。得票数の多い順に定数が満たされるまで順番に当選していく方式です。

比例代表選挙（参議院議員通常選挙）

衆議院議員選挙の比例代表制では全国を11のブロック（選挙区）に分けていますが、参議院議員通常選挙の比例代表選挙では全国が1つの選挙区になります。つまり1ブロックです。

参院選の比例では投票用紙に個人名か政党名のどちらかを書きますが、衆院選の比例の場合政党名を書くことになっているので、この点も違っています。

内閣

行政権

憲法の第5章には内閣について書かれています。国会が立法権を持っているのに対して、内閣は行政権を持っています。

内閣総理大臣

内閣総理大臣は国会議員が投票で決めます。内閣総理大臣は国会議員でないとなることができません。

国務大臣

財務大臣や外務大臣、総務大臣のような内閣総理大臣以外の大臣を国務大臣と呼びます。国務大臣は内閣総理大臣が決めます。「その過半数は、国会議員の中から選ばれなければならない」ことになっているので、半分未満なら民間人から採用することもできます。

地方自治

地方自治とは

憲法の第8章には地方自治のことが書かれています。地域のことはそこの住民で決めましょう、というのが地方自治です。

二元代表制

地方公共団体の長とその議会の議員は住民が選挙で選びます。これを二元代表制と言います。国政の場合は、国会議員が内閣総理大臣を指名し、選挙で国民が直接総理大臣を選ぶわけではありません。これを議院内閣制と言います。

首長

地方公共団体の長のことを首長《しゅちょう》と呼びます。「しゅちょう」だと市長や首相と間違えるから首長《くびちょう》と政治の世界では呼ぶことがあります。

都道府県知事や市区町村の長のことです。

地方議員

地方公共団体の議会の議員のことを地方議員と言います。自治体議員と呼ばれることもあります。

都道府県議会議員と市区町村議会議員がいます。

地方議会が首長の不信任を議決した時は、首長は議会を解散することができます。

政党

結社の自由

憲法第21条で結社の自由が認められています。団体を作る自由です。政治的な目的で作られた団体が政治団体です。政党を含め政治団体に関して憲法上規定がありません。

政党の定義

諸派党構想を理解して頂く上で、政党助成法に書かれている政党の定義が重要になります。この定義を満たしている政党は、国から活動費として政党交付金（税金）を貰うことができます。この政党を国政政党（公党）と呼びます。大雑把に言うと国会議員がいる政党のことです。

政治団体

政治資金規正法で「その他の政治団体」と書かれているものを諸派党構想では単に政治団体と呼ぶことがあります。都道府県の選挙管理委員会か総務大臣に設立の届け出をしている国政政党以外の政治団体のことです。

第四章

現代のコンピューター付きブルドーザー

立花孝志

自己開示する理由

政権奪取する秘策、諸派党構想を理解して頂く上で必要な政治用語については一通り確認いただけたと思います。ただ、本題に入る前に私、立花孝志についてお話をさせていただきます。

諸派党構想で本当に政権を取ることができるのか、論理的な欠陥はないか、ホリエモンこと実業家の堀江貴文さんに何度も聞いていただきました。堀江さんの回答は「問題はないです」でした。

諸派党構想を最初に公表したのは2021年3月24日課の第5回堀江政経塾の講義でした。その後、旧NHK党内の定例会や定例記者会見、YouTube立花孝志チャンネルを通じてこの諸派党構想を公表しました。電話や面談で直接説明させていただいた人も数多くいます。

そこから得た反応などを基にいくつかの微調整は行ってきましたが、根幹は変わっていません。そして、この諸派党構想なら本当に政権が取れると確信する人が私の周りには徐々にではありますが確実に増えてきました。

世間の私に対するイメージは決して良くないことは自覚しています。無名でお金も人脈も学歴もない私が国政政党を立ち上げるためには「悪名は無名に勝る」の方針で敢えてヒール役を演じていた部分もあります。その意味では自業自得です。

しかし、国政政党の党首となり、真に国民のための政治を取り戻す方法を発明した今となっては、1人でも多くの人にこの諸派党構想に耳を傾けて欲しいのです。そのために私、立花孝志とはどのような人物なのかをご説明しようと思っています。今までに私が実現してきたことをお伝えすることで、こいつは口だけではないぞ、と少しでも感じて欲しいのです。そして皆さんと「正直者がバカをみない世の中」を作り上げたいのです。

少し長くなりますので「立花のことに興味はない。興味があるのはアイデアだ」と言う方はこの章は飛ばしていただいてもかまいません。

立花家の教え

昭和42年1967年8月15日、終戦記念の日に私は大阪府泉大津市で生まれました。

祖父は長年無給で民生委員をしていたことが評価され天皇陛下から勲章をいただいくような人物でした。

「公のために尽くせ。人のために働くことは美しいことなんだ」

という考えから祖父は息子、つまり私の父に芽公美《めぐみ》と名付けました。父は私の姉に公美《くみ》という名前をつけました。「公」の字は立花家にとって思い入れのある言葉なのです。

祖父は私に、

「自分のために生きるな。嘘はつくな。曲がったことはするな」

と教えました。


私はアニメ番組の「デビルマン」や「タイガーマスク」、「宇宙戦艦ヤマト」を見て育ちました。その結果、私は弱者に優しくしたい気持ちが強く持つことになりました。自分は安い服や車で満足ですが、他人にご馳走するのは大好きです。子どもの頃に見た、タイガーマスクやデビルマンが影響していると思っています。これらのアニメを見て育った世代は正義感が強い世代だと思っています。

幼少期の家庭環境

幼少期の家庭環境は必ずしも恵まれたものではありませんでした。私が小学校に上がる前に両親は離婚しました。姉と私は父に引き取られましたが父は家に寄り付かない人でした。父は毎日タンスに千円ずつ置いて、私たちが寝るまで家には帰ってきませんでした。家には姉と私の2人だけでしたが、当時私と姉は良い関係ではありませんでした。私は相談相手がおらず、自分自身で考えて行動せざるを得ませんでした。

とは言え小学生が1人で考えても限界があります。小学校高学年の頃、倒れて病院に運ばれたことがありました。栄養失調とのことでした。児童相談所に駆け込もうかと思ったこともありました。成人して政治家になってからは児童相談所の問題についてかなり取り組みましたが、自分自身の経験が大きく影響しています。そのような幼少期でした。

NPO法人「子供の人権を守る会」の代表新飯田ルイさんが政治団体「子供未来党」を設立し、諸派党構想に参加を表明してくれていて、とても期待しています。

恐怖の中学時代

小学校を卒業して中学校に進学する頃は不安でいっぱいでした。隣町の小学校に通う子どもたちと中学では合流しますが、「どんな子がいるんだろう」、「喧嘩を売られたらどうしよう」そんなことばかりを考えていました。

不安は的中しました。中学に上がって喧嘩を売られ、顔面を殴られた際に前歯が折れました。私は喧嘩に負け、その日からいじめられる日々が始まりました。

学校に行けば後ろから飛び蹴りをされますし、隣町の中学校との喧嘩には駆り出されし、毎日恐怖の中で生きていました。

1970年代後半から1980年代前半の公立中学校はひどく荒れていたのです。学校には武器となる鉄の鎖なども転がっていました。連日マスメディアが「校内暴力」として扱っていたほどです。TBSドラマ「3年B組金八先生」の初期の作品で描かれているような世界です。

男の子の体は小学校から中学校に進学する頃に急激に発達します。大人並みの腕力をつける子もいます。にもかかわらず、当時の少年法では刑事処分の可能年齢が16歳以上だったのです（現在は14歳以上です）。

私には中学校が必ずしも安全な場所であると断言することはできません。YouTuberの少年革命家ゆたぼんが中学不登校を宣言していることで彼本人や彼のお父さんを非難する風潮がありますが、常識や固定観念にとらわれず、中学校という教育現場がどのような環境なのかを調べ、考えてみていただきたいと切に願っています。

そのためゆたぼんパパこと中村幸也さんが諸派党構想に参加を表明してくださったことを私は大いに歓迎しています。

ちなみに、私の前歯を折った人物の親類が後にNHK集金人の会社を設立し、戦う相手となったことには何か運命のようなものを感じています。

高校時代

実家が経済的に恵まれていなかったため、交通費を掛けずに通うことができる、という理由で近所の高校を選択しました。しかし、高校に入ると実家を出て自活するようになりました。

高校生の頃からパチンコで儲けていました。

校内での成績は良好でしたが、大学進学に関しては悩んでいました。お金がなかったので早く働きたいと思う一方、新設の学校の一期生だったため先輩がおらず条件の良い会社に就職することは困難だと考えていたからです。しかし、そもそも学校での勉強には価値を感じていませんでした。太陽系の惑星の並びを覚えたところで実生活になんのプラスがあるのでしょうか。

とにかく学校の勉強は暗記をさせますが、不必要な知識ばかりを詰め込んでも脳の容量を無駄に使っているように私には感じます。学校は子どもに多くの課題を課し、暗記をさせ、考える時間を奪っています。

参議院はなぜ存在しているのだろう。衆議院の比例選挙はなぜ日本を11のブロックに分割しているのだろう。いちいちそんなことばかり考えていては課題をこなすことができず、テストでも良い点を取ることができません。

そうやって不都合なことから国民を目隠しの状態にするのです。衆院選で11のブロックに分かれる理由を問い詰められたら合理的な理由を説明できる人なんて誰もいません。

「そもそも、この状態は正しいのだろうか」と考えることが大切なのですが、そこに気が付かれたら困るので、兎に角、余計なことは考えずに言われたことをただ覚えて、言われたことを忠実に実行に移す国民を生産する、それが学校教育だと私は考えています。

成績が良かったことが幸いして進路指導の先生から私はＮＨＫへの推薦枠をいただくことができました。

立花家が大切にしている「公」の文字の入った公共放送ＮＨＫへの就職のチャンスがやってきたのです。

国営放送は国が運営する、国にとって都合のいい放送をする放送局。公共放送は視聴者が運営する、国を監視する為の放送局です。

ＮＨＫ面接

ＮＨＫの採用面接の際は「私だったらこのように受信料を回収してきます」ということを訴えました。ＮＨＫの面接を受けたのは今らから35年以上前の話ですが、当時のＮＨＫ集金人にはＮＨＫの正職員もいたのです。高卒で採用されるとしたら集金人の仕事だろうと考え、その話法で面接に臨みました。

まず、ＮＨＫの受信料を払っていないことを正直に伝えました。受信料を回収するには、払っていない人のお宅を訪問することになります。「受信料を払っていない人間だからこそ、払わない人の気持ちが理解できる」と訴えたのです。

大本営発表による嘘の報道によって敗戦に至った反省から公共放送が誕生したことをお客様に伝え、政府やスポンサー企業に左右されない放送局の存在がどれだけ大切か、そして、その放送局の存在を支えるのが、国民が支払う受信料であることを何度も訪問して理解してもらい契約をしてもらいます、と面接官に伝えました。

「そんな何度も訪問していたら経費がかかるのだよ!」と面接官からは否定されましたが、「しっかり受信料制度を納得してもらった上で契約してもらえれば解約されません。だから最初は少々経費をかけてもいいんじゃないですか?」と反論しました。このようなやり取りを1時間くらい続けたのです。他の人の面接が5分くらいだったので異例の長さでした。結果は採用でした。

このようなやり取りで採用されたので、当然営業に配属されると思っていたら、和歌山放送局庶務部だったので驚きました。

ＮＨＫ和歌山放送局時代

昭和61年１９８６年４月にＮＨＫに入局となり和歌山放送局に配属となりました。チェルノブイリ原子力発電所事故が起きた月です。

当時のＮＨＫと言えば衛星放送の普及が最重要課題と言っても過言ではない状況でした。私が入局する２年前の１９８４年に衛生試験放送が開始され、１９８９年の衛星本放送開始に向けて準備が進められていました。

当時の日本はバブル景気の真っただ中で、スポーツ界で言えば１９９１年のＪリーグ発足に向けサッカーが大変盛り上がっていました。１９９０年にはイタリアでサッカーワールドカップが開催されることが決定していました。

衛星放送普及のため、「サッカーは世界一人気のあるスポーツで、そのワールドカップはオリンピックよりも規模が大きいんですよ」と言って私も活動していました。

ＮＨＫの衛星放送はＮＨＫ問題を考えるうえで非常に重要な要素となっています。ＮＨＫがおかしくなったのは、１９８９年に衛星放送付加料金を設定して、営利主義に移行していったことが原因だと私は考えています。

衛星料金は地上料金と比べて約1．7倍します。そのため衛星契約の新規獲得にNHKは注力しました。衛星放送開始当時は、自分でデコーダーを買って、自分で自宅にアンテナをつけて、衛星放送を自らの意思で受信するという形をとっていました。その後、マンションなどの集合住宅の屋上に共同のBSアンテナが設置されているところが増えました。NHKがお金を出してそれを援助したからです。

入居したマンションにBSアンテナが設置されていれば、そこの住民の方はNHKと衛星契約を結ばなければなりません。なぜなら、地上放送しか映らないというテレビはほとんど販売がされていないからです。NHKの技術職員が大手電機メーカに天下り、衛星放送も映るテレビの開発をしたのです。

「協会（NHK）の放送を受信することのできる受信設備を設置した者は、協会とその放送の受信についての契約をしなければならない」放送法第63条。

これはNHK衛星放送受動受信問題と言って国会でも取り上げられましたが、解決していません。国会議員が国民よりもNHKの意向を尊重しているからです。この問題が国会議員が国民よりもNHKの意向を尊重しているという動かぬ証拠なのです。

衛星放送開始当時にNHKに入局できたことは受信料問題を語る上で私の強みとなっています。知識だけでなく現場を見てきたのです。

和歌山には5年いましたが「面白いやつがいる」ということで大阪に引っ張られて異動となりました。

NHK大阪放送局時代

1991年7月に大阪放送局経理部に異動となりました。ソビエトが崩壊した歴史的な年でした。

大阪放送局時代に私は、1994年広島アジア大会、1995年阪神・淡路大震災、APEC大阪会議、1998年長野オリンピックなど大きな国際イベントや大災害に関わる経験をしました。長野オリンピックの時は、ノルウェイ人10人と一緒にクロスカントリーの国際信号制作業務をしました。

スポーツと政治は密接な関係があり切っても切り離すことができません。だからNHKにはスポーツ報道センターという組織が存在したのです。当時の経験は政治とスポーツの関係を理解する上で大変役に立っています。

阪神・淡路大震災

スポーツの国際大会に携わることができたのは貴重な経験でしたが何と言っても阪神・淡路大震災は衝撃的でした。多くの方が亡くなられた大変痛ましい災害でした。ボランティア元年とも言われており、我が党の副党首である丸山穂高は小学生の頃、阪神・淡路大震災のボランティアに参加したことが政治家を志すきっかけとなったとも言っており、多く人の人生に影響を与えた震災でした。

私は3日間寝ずに仕事をしました。大阪と神戸の弁当毎食2,000食の手配、輸送用の船舶の確保、大阪港へのタクシーの確保、全国からの応援者の宿確保、防寒具や日用用品の調達、高速船を着岸する岸壁の確保・燃料の確保などを行いました。使い捨てカイロを東京からハイヤーで届けてもらったりと本当に色々やりました。

大阪から神戸に行くためチャーターした船のスクリューが曲がってしまったことがありましたが、これを直すには数百万円掛かかります。NHKには会計検査院がいるので正規の方法で処理をするとなると非常に煩雑な業務が発生します。そこで業者から架空の請求書を発行してもらって裏金で処理しました。

裏金処理

平時も、記者が使ったタクシー代500円、1,000円を精算するために、どこからどこまで何の目的で利用した、と逐一書類を作成していては生産性が落ちるので二重帳簿を付けてお金を渡してしまい、自分は刺されないように、裏金で処理した案件は記録に残していました。このような手法でチャーター船のスクリューの修理代も処理したのです。

経理規程、職員規則を熟知し、会計検査院、部内の監査が何を見てくるのかを予想し、経費処理に困っている上司に提案し実行し、と経験を積み上げていきました。いわばトンチの世界です。大卒で正規の経理職員には思いつかないような方法を考え出していたのです。

ＮＨＫの経理は世間の常識とかけ離れていました。非常に厳しいところがある一方で、ものすごくズサンな部分もありました。私は率先してそのシステムを利用してきました。

その結果、ＮＨＫ内で何かトラブルがあれば立花を呼べ、ということになり30歳の時に一本釣りのような形で東京にあるＮＨＫ本部に異動になりました。阪神・淡路大震災の時の仕事ぶりが当時副会長だった海老沢勝二さんの目に留まったのです。

ルールを熟知しルールの中で解決方法を発見して自ら実行し証明する。ＮＨＫの経理時代にやっていたことを政治家となった今でも応用しています。そして、公職選挙法を熟知し、ルールの中で、現在の選挙制度に存在する不公平を突破する。今まさにそれを「諸派党構想」という形で実行に移しているところです。

ＮＨＫ本部　海老沢会長時代

海老沢会長とともにあった本部時代

平成10年１９９８年7月、私はＮＨＫ本部報道局 スポーツ報道センター（企画・制作）に異動となりました。その前年7月に海老沢勝二さんがＮＨＫ会長に就任していました。そして海老沢さんが会長を辞任した日に、私は海老沢さんの院政を断つためにマスコミにＮＨＫの内部情報のリークを始めたのです。私のＮＨＫ本部時代はまさに海老沢会長と共にありました。

本部に異動できた訳

「はったり」や「おべんちゃら」で私が本部へ栄転になったと言った人がいましたが、そんなもので、ＮＨＫ内で出世はできません。

「裏金作り」と「関連団体への無駄金送金」のために報道局スポーツ報道センターのディレ

クター枠を1人分削って経理担当として大阪局から抜擢されたというのが出世の理由だと私は理解しています。それにプラスして、天下り先の確保、スポーツ放送権の獲得などもしていました。

海老沢会長の側近として

組織図上は海老沢会長の直属ではありませんでしたが、直接海老沢さんから指示を受けて動いていたわけですから実体として私は海老沢さんの側近でした。

海老沢さんは、廊下で職員とすれ違うと「おっ、おっ」と挨拶する程度です。それが私と会ったときは「あの件はどうなった」と足を止めて話し込むのです。それを見た事情を知らない職員は振り返って私のことを見ていました。「なんだ、あいつ?」と不思議に思っていたのだと思います。

海老沢さんはとにかくオーラがある人です。笑うと目がクリクリして正直可愛いです。年が離れている為か、私はとても可愛がっていただきました。

案内役で私が日韓ワールドカップサッカーの会場内を紹介して回った事が2度ありましたがカバンや上着を「私が持ちます」といっても「いいよいいよ」と気さくに仰って持たせてくれませんでした。そういう人です。

2002年6月4日に開催された日本代表VSベルギー代表戦に海老沢会長のかばん持ちで埼玉スタジアムに同行した時のことです。海老沢さんを会場内のNHK中継車や放送ブース、前線基地にご案内しました。NHKスタッフが統一された「スタッフ専用Tシャツ」を着用しているることにご満悦の様子でした。その後、貴賓室にご案内して私の業務は終了、そんな感じでした。

何かあると2千番から呼ばれていました。会長室の内線番号が2千番です。大久保さん（故元NHK報道局スポーツ担当特別主幹）と一緒によく会長室に足を運びました。海老沢会長の新年のあいさつの原稿作りが一番大変だった記憶があります。

ＮＨＫと電通の攻防

ＮＨＫが衛星放送を開始してアメリカ４大メジャースポーツとＰＧＡゴルフを放送する事が決まりました。

ＮＢＡ【バスケットボール】、ＮＦＬ【アメリカンフットボール】、ＮＨＬ【アイスホッケー】は直接権利元からＮＨＫが購入することができました。私が退職した２００５年までは間違いありません。

ＭＬＢ【大リーグ】とＰＧＡ【ゴルフ】は電通が権利を持っていたのでＮＨＫはマイコ（ＮＨＫ関連会社）を使って電通の権利を奪いに行きました。電通からＮＨＫに申し出があり大リーグは電通に残すことになりました。ＮＨＫが電通に貸しを作ったのです。

２００３年あるいは２００４年、電通が大リーグの放送権利をこれまでの３倍の値段でＮＨＫに事前の相談をしないで独自の判断で買ってきたことがありました。

これに立腹した海老沢さんは烈火のごとく怒りＮＨＫでの大リーグ放送をやめると言い出しました。本心としては、電通に対して対等以上に物を言うことができるのはＮＨＫしかない、ということを見せつけたかったのでしょう。

電通のテレビ局長が海老沢会長の自宅前で平身低頭謝罪し、3倍ではなく2倍で電通とNHKは契約しました。そのため電通は大リーグの放送権利契約で赤字となりました。その赤字の穴埋めに大リーグ中継ではCGを使った日本の広告が多く入るようになったのです。

NHKと政治とスポーツの関係

日本バドミントン協会の会長と言えば衆議院議長も務めた綿貫民輔さんでした。バドミントンをしている人たちは、綿貫さんに投票しましょう、献金しましょう、となります。そして綿貫さんはNHKに「バドミントンを中継してやってくれ」と言います。そしてNHKにとって何のメリットがあるかと言えば「予算を通してあげるよ」となるわけです。このようにトライアングルの利益が成り立っているのです。NHKにとってはある意味政治迎合になりますが、これくらいは良いのではないか、という落としどころではあります。

私は経理の立場だったので経費を削減しろと言われて「じゃあ、麻生さんが会長でややこしいから、バスケットボールの中継をやめましょう」と提言しました。そして実際に女子バスケットボールの中継をやめたのです。そうしたらすぐに来ました、19階からNHK内部の人間が。「お前ら何を考えてんだ。俺たちが日頃どれだけ国会でNHKの予算を通すために苦労しているかが分からないのか」と。

それに対して「こっちは経営判断で経費削除しろと言われた。バスケットボールの中継をやめたら2000万円削除できるからやっているわけで、それこそ経営の責任でしょう」と反論するのです。結局、放送権料はいらないから中継だけしてくれ、という折衷案が出され解決したことがありました。

年間200億円を決算

当時、私のNHK内の等級は4等級でした。4等級の私が、スポーツ報道センターのセンター長や担当局長のハンコを渡され、私の判断で伝票の決済をして、年間200億円を超えるスポーツ報道センターの予算を使っていました。事情の分かるNHK職員の方には、信じられない話だと思います。

海老沢会長の即金として動く私がどれほどの影響力を持っていたかは、当時の私と仕事をしていた人なら良くご理解いただけるはずです。

私は海老沢会長主催の政治家を招聘するパーティーの運営を5年間任されていました。海老沢さんから直接の指示をもらい海老沢さんのスピーチ内容を書いていました。阪神タイガースとの27億円の交渉にも同席していましたし、TBSの幹部との会合にも同席していました。

NHKタイガース構想

ナベツネさん（渡辺恒雄）が読売巨人軍を持っていて、スタインブレナーがニューヨーク・ヤンキースを持っていたので、海老沢さんが

「なんで阪神タイガースを買えないんだ」

と、阪神タイガースを買いに行けと指示したことがありました。

そこで私は、

「NHKタイガースにするんですか」

と聞きました。

海老沢さんは、

「そうよ」

というのです。

「いや～、ＮＨＫが球団をもったら阪神ファンは受信料を払ってくれるかもしれませんが、巨人ファンは受信料を払わなくなるでしょう」

と私は異議を唱えました。

しかし、海老沢さんから、

「国鉄スワローズがあるだろう」

と言われて、確かにと思って調べてみると、プロ野球の規則が変わってある基準以上の資本金を持っている企業でないと球団を持てないことが分かりました。そこで、その資料を持って海老沢さんを説得に行きました。

「無理です。タイガースを買うなら、プロ野球のこの規定から変えないといけません」と。

それで、海老沢さんが、

「じゃあ、阪神戦全部買いに行け」

という話になったのです。

それを受けて年間の65試合すべてを買いに行ったのです。阪神タイガースは関西テレビやローカルテレビから株の出資をかなりされていたので全試合の売却は合意できないとなり、半分を買うことになりました。当時、私はそういった交渉をしていました。

海老沢さんにNOと言えたということ

NHKタイガースの例のように、私はできないものはできないと海老沢さんに伝えていました。とは言え、それはかなり大変でした。しかし、海老沢さんにNOと言うと会長室から出たときに秘書たちが私に親指を立てて聞いてくるのです。(親指＝海老沢さんのこと)

「なんて言ってた」と。

「いやいや、(タイガースを)買うって言ってましたよ」

と、こんなノリでした。みんな自分で直接聞きに行きたがらないのです。

海老沢さんの取り巻きは自分の考えなんてどうでも良かったのです。会長の考えに合わせるしかなかったのです。だから会長への確認は私のような人間にどんどん任されていました。海老沢さんからしてみても、当時の私は30代と年齢差がかなりありましたから寝首を掻かれる心配がなかったのです。

それで私は海老沢さんの悪口を言っている人間がいるとそれを海老沢さんに告げ口をするのです。結果、海老沢さんの取り巻き連中が私に対して物凄く気を使うようになりました。ある意味私は理事よりも力を持っていました。理事から直接電話が掛かって来るような、そんな立場でした。

テレビ・ラジオ体操

私はテレビ・ラジオ体操の実質的なチーフプロデューサーでした。出演契約は私が直接行っていました。支払い伝票の起票者は私自身です。代理決定していたのも私です。40572が私の従業員番号です。1999~2002年の出演料伝票を調べれば私が出演者に支払いをしていた事がわかります。こういった業務も私の担当でした。

選挙事務局所属

私は出口調査の担当もやっていました。選挙事務局というところに、通年で7、8年は所属していました。そのこともあって選挙制度や選挙の実際については考える機会が沢山ありました。

自民党や民主党など国政政党の候補者と比べて、その他の政治団体の候補者に対するNHKの扱いは明らかに不公平でした（現在も）。任期満了あるいは解散総選挙となって議員の地位を失ったのならば、白紙に戻して報道機関はどの候補者も公平に扱うべきである、と考えて当時選挙のキャップに言ったところ彼は鼻で笑ってこう言いました。

「当選見込みのない人物を取り上げたところで、彼らの売名に加担するだけだ」と。

このように国政政党から公認あるいは推薦を得ていない候補者に関してはNHKは報道しないのです。国民は受信料を等しく負担しています。だからこそ立候補者は全て等しく取り扱ってこそ公共放送だと私は考えていました。しかし、誰も聞く気はない、と言う状況でした。ただ、「立花くんは面白いことを言うから選挙班に行ったらどうだ」と言ってくれた人がいました。

ＮＨＫ解説委員主幹だった長谷川浩さんです。

「諸派」とレッテルを貼られしまい自らの政治的主張を広く国民に知っていただく機会を大きく制限されている人たちがいます。その不平等をなんとかする方法はないのか、そうＮＨＫ時代から考えていました。

20年近く考え続けた結果、具体的な形となって現れて来たのが諸派党構想なのです。

ＮＨＫ職員時代に一番大切にしていた仕事

私がＮＨＫ職員時代に一番大切にしていた仕事は視聴者対応の仕事でした。視聴者さんからの電話は積極的にとっていましたし、飲み会に遅れようがデートに遅刻しようが、視聴者さんが納得されるまで話をさせて頂いていました。視聴者さんの意見はなるほどと思うものが多かったのです。また誤解して批判の電話してきた人に、真相を説明して納得していただけた時の充実感はたまりませんでした。

視聴者対応が嫌いな職員は多かったです。おそらく当時9割程度の職員が煩わしいと思っていたと思います。本来は、視聴者さんとのふれあいが公共放送で働く人間にとって一番楽しいはずです。視聴者対応が嫌いな職員は、視聴者さんからの電話で自分の知らない事を聞かれるのが嫌なのでしょう。

例えば私がいたスポーツ報道センターでは国内スポーツ担当は海外スポーツの内容どころか番組名すら知りませんでした。NHK職員であることに誇りをもっていない職員やNHKを愛していない職員が多い事を物語っていたと思います。

NHK紅白チーフプロデューサー巨額横領事件

2004年7月、週刊文春中村竜太郎記者の記事によって「NHKプロデューサー巨額横領事件」（磯野事件）が明るみに出ました。

私の上司だった大久保建男（理事待遇まで昇進）さんはこう言いました。

「文春の記者に睨まれたら終わりだ」

ＮＨＫを大きく変えた週刊文春の一連の記事の始まりでした。

磯野事件に関しては刑事裁判の記録を見ればすぐにＮＨＫの嘘が明らかになります。ＮＨＫ出田理事は国会で「管理職であるチーフプロデューサー自らが不正を行ったので見抜けなかった」と弁明しました。

しかし磯野さんの横領詐欺行為は、磯野さんが一般職時代から8年間に渡って行われており、磯野さんの上司3人が支払いに必要な書類に印鑑を押しているのです。その書類に印鑑を押した上司3人が後の裁判所で、体と声を震わせながら

「その書類にはんこを押したのは私ではありません、おそらく磯野被告が引き出しから私のはんこを勝手に取り出して押印したのでしょう」と偽証したのです。

磯野事件はＮＨＫの組織犯罪であったと私は考えています。

ＮＨＫ本部編成局経理に異動

ある件で報道局長賞をもらいその後、２００４年7月にエリート集団の編成局経理に正式に人事異動しました。磯野克巳さんの巨額横領事件が発覚した日の翌日、7月21日のことでした。このことからも私が人事上どのような評価を受けていたかＮＨＫの内部事情を知っている方なら理解できるでしょう。

不正調査

磯野事件の記事が載る週刊文春が発売される前夜20時頃、ＮＨＫは記者会見をしてその事件はＮＨＫが見つけた、というような発表をしました。「いやいや、文春に言われてるやん」と僕は内心突っ込んでいました。そして、その日に私は5階の報道局から4階の編成局に異動になり、「紅白歌合戦に関連している不正」を調べる担当になりました。

特定人物のタクシー記録を調べたり、25・38を調べたり、関連会社との癒着を調べたりしました。私は特命業務をしていたので、弁護士とも親しくなりました。25・38というのは飲食費のことです。NHKの計理上の細節コードのことで25が放送関係以外の打ち合わせ費、38は放送関係の打ち合わせ費の事でした。

調べていたら、あれもこれも出てきました。それをすべて公表し視聴者に謝罪しましょうと提案しましたが、周りからは「NHKをつぶす気か」「黙ってろ」と言われました。そのうち今度は私の上司に対して週刊新潮から電話があり、また、ソウル支局長の裏金のことでも週刊新潮から電話がありました。そうこうしているうちに海老沢さんが国会に呼ばれることになったのです。

衆議院総務委員会海老沢勝二会長参考人招致

平成16年2004年9月9日、第160回国会衆議院総務委員会にNHK海老沢会長以下役員が参考人として呼び出されました。紅白チーフプロデューサー横領詐欺事件及びソウル支局長経費私的流用事件に関して国会から説明を要求されたのです。

民主党の中村哲治議員が海老沢さんに辞任を薦めた瞬間、私のいた編成局の国会回線モニターを見ていた職員が『こいつもう終わったな』と中村哲治議員の政治家生命が終わったとつぶやきました。ちなみにＮＨＫはこの国会の模様を生中継せず、中村哲治議員の質問は大幅にカットして後日、深夜に放送しました。

参考人招致があった9日の夜、海老沢さんと私は廊下ですれ違いました。海老沢さんの周りには7、8人の取り巻きがいました。そして海老沢さんが彼らに「俺、今日いったい何回謝ったんだ」と聞いていたのが印象的でした。

中村哲治議員の登場シーンをカットするなどその露骨な編集に私は驚き失望しました。

うつ病の発症と休職

尊敬し信頼していた海老沢さんが国会で真実を語らなかったことは私にとっては衝撃でした。露骨に編集された海老沢さんの国会参考人招致の映像を見たことが一つのきっかけで、私は自分自身が不正経理に手を染めていた罪の意識と、ＮＨＫの今後に対する不安感を抱くようになりました。発熱やのどの痛みなどの身体症状も出るようになり、受診をしたところ「うつ病」と診断されました。ＮＨＫは「うつ病」ではなく「慢性疲労症候群」と診断書を書き直して貰うように私に指示をしました。そして、私は自宅療養の日々を送ることになりました。

ＮＨＫ内部告発期

うつ病の経験

私はうつ病を経験した事によりウソをつかなくなりました。なぜなら、ウソをつくのはしんどいからです。

ある日、駅のホームで電車を待っていた時に、近くにいた人が持っていた新聞の見出しで私は海老沢さんの辞任を知りました。それは世間の批判をかわすための表面的な人事であり、実際は海老沢さんの影響力はＮＨＫ内で減弱することはなく、ＮＨＫの体質は改善されないことを私は分かっていました。

そして私は即、ある報道機関に連絡をしてＮＨＫの内部情報を伝えることを決意しました。私は、周囲の人間にＮＨＫの改革を訴え続けていましたが、最早ＮＨＫに自己改革はできないと判断したからです。

記者の人と面談し、話始めたら止まらなくなりました。ＮＨＫ内部で口止めをされて、苦しい想いをしていましたが、その苦しさがどんどん癒されていくのが感じられたからです。記者の人が「立花さん、そんなことまで話して大丈夫ですか」と心配するくらいでした。

躁うつ病、うつ病、気分変調症などの「気分障害患者数」が増加していることが厚生労働省のレポートで報告されています。心の病は専門家に相談するのが良いですが、心の病を専門に扱う政治家が存在しても良いと思っています。「こころのやまい党」を立ち上げ代表となった片岡まさしさんは、諸派党構想に参加を予定していて、その活動に期待しています。

内部告発の記録

私、立花孝志のNHK内部告発は次のように進行していきました。

2005年1月25日　海老沢会長が辞任して顧問に就任

立花孝志、

2005年1月25日　内部情報を外部マスコミにリークを開始

2005年3月15日　岡山放送局春名副部長により私の内部情報漏洩がNHKに発覚

2005年4月6日　週刊文春で実名写真入で内部告発開始

2005年7月31日　依願退職

内部告発で1か月の停職処分

週刊文春で実名顔出しの懺悔告白をした3週間後に、ＮＨＫと相撲協会の放送権料が30億円である事、ＮＨＫと巨人戦の放送権料が1試合1．7億円（民間放送の2倍以上）であるという事を週刊文春に記事にしてもらいました。

この週刊文春の発売前に、私の動きを察知したＮＨＫから、放送権料を外部に漏洩したら、「懲戒処分にする」とか、「ＮＨＫや契約相手に損害が発生したら貴殿に損害賠償を請求する」という脅しともとれる内容の内容証明郵便が送られてきました。

私はこの脅しに屈せず、逆によほどＮＨＫにとってまずい事だと判断し公表に踏み切りました。その後私はこの件で1か月の停職処分を受けました。

懲戒処分を受けたこと自体は不服ではありませんが、事実ではない内容で懲戒処分を受けたのは不服です。ただＮＨＫ内部の調査は警察と違い強制力がありません。関係者たちに対するヒアリングでしか調査ができず、本人達が嘘をつけばそれでお咎めなしなのです。実態が分かるような調査ができるはずがありません。

内部告発を決意した理由

私が内部告白を決意したのは海老沢さんが失脚したからではなく、海老沢さんが失脚したふりをして院政をしこうとしたからです。

誤解のないように言いますと、私は今でも海老沢さんの事を尊敬しています。もちろん海老沢さんだって人間だから完璧な人とは思っていません。海老沢さんも人間ですから、公共放送の経営者としてふさわしくない言動はあったでしょう。私は海老沢さんに大変お世話になったからＮＨＫの普通の職員より海老沢さんの事をよく知っています。

海老沢さんが裏金を捻出させていたという話を聞いたことはないし、そんな事実はないと信じています。海老沢さんは不正なお金を受け取ったり、女性問題をおこしたりする方ではありません。

私が当時憤慨したのは、ＮＨＫ職員がすべての悪を海老沢さんになすりつけようとしている事でした。

実名顔出し告白の理由

私は週刊文春に実名顔写真入の内部告白記事を掲載してもらいました。目立ったほうが殺されないと判断したからです。

私は殺される事を恐れてはいませんでした。人間いつかは死ぬからです。人生の価値とは、その長さではなく、その内容だと思っています。そして人生の価値は、その人自身が判断するものであり、決して他人が決めるものではありません。

あの時点ではまだまだやりたいことが多過ぎてすぐに死ぬわけにはいきませんでした。告白記事の発売前後数か月間は自宅には帰らずホテルやウィークリーマンションを転々として身を隠していました。

内部告発の影響

内部告発をした当時、私はある女優さんと不倫をしていました。今もその人と仲良くしています。僕が内部告発したことに対してＮＨＫ側は彼女と彼女の実家にまで「あなたの娘さんは不倫をしている」などの攻撃をしてきました。関係のない人にまで圧力を掛けたＮＨＫに対しては未だに憤慨しています。とは言え、こういうことも起こりえるので内部告発するというのは大変なことだと経験上実感しています。

元ＮＨＫ集金人で勤めていた会社を内部告発して退職した齊藤忠行さんが、内部告発者を守る党を設立し、諸派党構想に参加を表明しています。内部告発をしようと思って親身になって相談を受けてくれるところがなかなかありません。彼の党が受け皿になることに期待しています。

ＮＨＫ退職と雑誌闘争時代

ＮＨＫ退局理由

組合と共闘する事は考えましたが次の理由でＮＨＫを辞めました。

①編成局（計画総務）のいやがらせに負けた。
②自分も犯罪者でありＮＨＫ職員の資格がないと思った。
③愛人がいたのでＮＨＫ職員としてふさわしくないと思った。
④スポーツ放送権料を公にするには職員就業規則違反を犯さなければならないので退職したほうがいいと思った。
⑤ＮＨＫが経営破たんする前に退職金がほしかった。
⑥ＮＨＫを一度解体して新しい公共放送を作ったほうがいいと思った。

私は自分自身を立派な人間とは思っていません。ただＮＨＫで働いている事に常に誇りを持っていました。犯罪に手を染めてしまった事は反省しています。退職金は８８０万円程頂きました。ちなみにＮＨＫは懲戒免職者にも退職金を支払っていました。

横領したお金のその後

ＮＨＫのお金を自分の懐に入れたことはありませんでした。ただ、番組作成の現場の士気を高めるための息抜きや打ち上げや裏社会への潜入取材の場合には、領収証のないお金も必要だと判断し、結果的に不正な経理処理に手を染めたていたのは紛れもない事実です。

在職中に自分の犯罪を申告して伝票の閲覧を希望しましたが断られました。警察にも自首して相談しましたが「NHKがあなたを訴えない限り事件にできない」と言われました。罪の償いすらできずにNHKを辞めてしまったことは今でも心に残っています。「本当の罰は、本人の心と記憶にきざまれる」です。

内部データ、資料の持ち出し

私はNHKでレンタルしていたパソコンを自腹で購入して自宅で使っていたので、色々な経理資料や文章を持ち出すことができました。弁護士さんに確認したところデータ持ち出しは問題ないという見解でした。

退職前に、編成局(計画総務)にデータの返却を要請されましたが「裁判に訴えてください」と要請したところ、そのまま音沙汰ありませんでした。

雑誌記事を使ってNHKと闘争

NHKを退職し2005年8月からフリージャーナリストとして活動を開始しました。雑誌社などへの情報提供が当初は主な活動でした。世に出たものとしては次のようなものがあります。

週刊新潮　2005．8．11．18合併号
「NHK有働由美子アナの同僚が明かす　裏金作りから愛人騒動まで」

現代　39（9）．50-61．2005-09
「スクープ告白 元NHK経理職員が明かす「受信料乱費」これが実態だ―2％カットしても給与はアップ、会長の一声で巨人戦に巨額投入（巨大メディアは何を誤ったか）」

FLASH　2005．9．6
「NHK裏金を告発したあの男がパチプロに転身！

いじめ抜かれた巨大組織に見切り・・・夫婦で月500時間勤務、月収100万円」

THEMIS　2006．2
「それは組織ぐるみの詐取だ　内部告発　NHKを蝕む不正経理驚愕の実態
NHKの経理を知り尽くした元職員が作成した立花文書を暴露する！」

朝日芸能　2006．5．25
「NHK有働アナ不正飲食を元局員が実名告発！」

週刊プレイボーイ　2006．7．10
「NHKいかさま改革にダマされるな！」

創　2006年8月号から4連載
「元経理担当職員の告発連載！　NHK崩壊の危機
（1）改善されない不祥事体質

（2）給与体系のカラクリ
（3）受信料制度の内幕
（4）法的措置は愚の骨頂！」

FRIDAY　2010．7．23
「視聴者の声に押されて7月場所中継中止を決めたが、カネをめぐる関係はどうなっているのか　元NHK職員が告白「相撲協会に年間30億円の放映権料」

アサヒ芸能　2012．11．8
「被告・現職総理　元選挙スタッフが前代未聞の提訴
マニフェスト破りで受けた直接的被害を賠償しろ！」

週刊誌などの謝礼金

２００６年のジャーナリストとしての収入は年間66万１５０５円でした。記事は32件テレビ出演1回です。平均すると1回の原稿料は２万円という事になります。私の場合、原稿を書くより、情報提供が多かったので、正確には原稿料ではなく取材協力謝礼となります。

当時、大阪にいたので、東京への新幹線代やホテル代などの経費が掛かり、ジャーナリストとしての収入では赤字となっていました。

唯一のテレビ出演

２００６年5月30日火曜日20時～20時55分、ＣＳ放送・朝日ニュースターの「ニュースの深層」に生出演したのがＮＨＫ内部告発後にテレビに出していただいた唯一の放送でした。

これ以外にもテレビ局から取材を受けたことはありましたが、放送には至りませんでした。

ＮＨＫを敵に回すとこうなるのか、こうもスポットライトが当たらなくなるのか、ということを実体験で味わいました。

ジャーナリストという仕事

ご覧いただいたようにジャーナリストとしての収入は決して多いものではありません。あの収入だけでは家族を持ち、養っていくことはかなり難しいのではないでしょうか。

ただ、真のジャーナリストとは、主な収入をジャーナリストとしての活動から得ないものだと思います。もし、主な収入をジャーナリストとの活動から得ているとしたら、お金に影響されて本当に書きたいことが書けなくなってしまうのではないでしょうか。

政治家も同じで、税金から主な収入を得ないようにしないと本当の財政改革なんてできないとも思います。

ただ政治家の場合、主な収入源が税金だとすると税金を払ってくれる人、つまり国民のための政治をするようになる、とも考えられます。この考えから政党助成法が制定され、国政政党には国から政党交付金（政党助成金とも言う）による助成が行われています。国会議員には給料も支払われ、公設秘書3人の給料も税金から支払われます。本来はこの範囲内で活動すべきなのです。しかし、それを実行しているのは**私たち「NHKと裁判してる党弁護士法72条違反で」（旧NHKから国民を守る党）だけです。**

「企業や団体からの政治献金を禁止するために、国民一人あたりからコーヒー一杯分の税金を納めてもらいましょう」と言って、政党助成法が作られましたが、政治献金は未だ禁止されておりません。

サイレントマジョリティーである国民よりも目の前にいて献金をしてくれる人や団体、企業に忖度した政治をしてしまうのではないでしょうか。

究極的に言えば、ジャーナリストも政治家もボランティアでやる方が良い活動ができると思っています。

私の場合はパチンコ（趣味）で稼いでジャーナリスト（仕事）でお金を使っていました。趣味で収入を得て、仕事でお金を浪費する。普通の人とは逆なのです。

ジャーナリストとして本当の事を情報発信する為には、ジャーナリストを職業にしてはいけないと私自身は考えています。ジャーナリストとして稼ぐということは、スポンサー（企業や組織）からお金をもらう事になるので、スポンサーにとって不利になる情報発信ができなくなるのです。

私は講演も無料で引き受けさせて頂いていましたし、チャンネル桜にも出演して発言していましたが、往復の新幹線代だけでも3万円近く掛かっていて赤字でした。

当時はパチンコで稼いで、真実を情報発信するのが私の役目と考えていました。

2ちゃんねらー時代

2ちゃんねるでNHK問題を発信

「2ちゃんねる」というのは、日本最大級のインターネット上の匿名掲示板です。匿名のためそこに書き込まれている内容は「怪しい」と思われていて、情報媒体としてのイメージは決して高級なものではありません。匿名ゆえに本音が書き込まれる利点はありますが、それが行き過ぎて容赦のない誹謗中傷も散見される情報サイトです。

私はNHK退職後、2ちゃんねるにNHK問題を書き込み、情報発信を始めました。なぜ、

2ちゃんねるだったのか。それは、私がＮＨＫを内部告発して退職した２００５年当時にはまだＴｗｉｔｔｅｒもＹｏｕＴｕｂｅも無かったからなのです。ブログの立ち上げ方は分かりませんでしたし、自分のホームページはありましたがパチンコ専用でしたしアクセス数はほとんどありませんでした。

それに、2ちゃんねるも使いようによっては立派なメディアになります。職員の実名を書いて不倫情報をだすと、一般の人は見ませんが、ＮＨＫ関係者は滅茶苦茶私の2チャンネルのスレッドを見に来るのです。

不倫に限らず不正行為をしたＮＨＫ職員を実名で公表しました。私に2ちゃんねる上で実名を書かれた職員は、そのことが原因で転勤になったり左遷させられたりしました。それでも、私が訴えられることはありませんでした。事実しか書いていないからです。

そして、侮辱罪や名誉毀損罪は対象の人物が公人の場合、公共の利益が優先されるため侮辱罪や名誉毀損罪は成立しないと過去の多くの裁判の判例にあります。ＮＨＫ職員は受信料という公金を給与にしていますので、公人あたると解釈しました。

ＮＨＫ職員(特に放送現場以外の職員)はＮＨＫ経営陣の隠蔽体質を知らないのです。ＮＨＫの経営方針がおかしな方向に向かっている事を一般の職員に自覚してもらい、経営陣と戦ってほしいと考えていました。不倫情報はそのことに気付いてもらうための手段でした。

雑誌の記者が2チャンネルからネタを収集している事が多い、ということも2ちゃんねるを使って情報発信をしていた理由の一つでした。当時は、「立花さんのスレッドをみればNHKの事が一番良くわかる」と、マスコミ関係者をはじめ色々な方に言っていただける事がうれしかったです。

2008年4月、東京で日本テレビ系列の朝の情報番組ズームインスーパーの街頭インタビューに答えたことがありました。裁判員制度について、三浦和義氏の話題を中心に、まじめに15分程度熱く語ったのですがオンエアされたのは、

「阪神金本選手の連続試合出場が途切れたらどうする?」

の部分のみでした。橋下知事などの政治家がよく言っていますが、全体の一部分だけをつまみ出して報道されると、視聴者に誤解を招く原因になると心から思った経験でした。私は裁判員制度に賛成のコメントをしたのですが、ズームインスーパーとしては、この制度に反対の意見を求めていたようです。賛成派の私が反対派として放送されていましたから。

その点、2チャンネルはすべての主張が表現できるので、YouTubeやTwitterのなかったあの当時には良いメディアだったと思います。

海老沢さんへの電話

２００６年６月５日午前９時30分から５分間程、海老沢さんにお電話をしてお話をしたことがありました。

奥様が出られて、

「元ＮＨＫ職員で内部告発をした立花孝志です」

と告げました。

そして海老沢さんが電話に出られました。

私は在職中にたいへんお世話になったのに、海老沢さんに相談もしないで内部告発した事を謝罪しました。

海老沢さんは、

「君の事は大久保君から聞いていた。私は今でもＮＨＫとＮＨＫ職員とその家族の事を心配している。私は安い給料で汗水たらして働いてくれている職員の為にかんばってきた。そして君も知っているとおり、一部を除くほとんどの職員も視聴者の為にまじめに仕事をしている。しかしどうしてこういう状況になったのか理解できない。君が問題にしている、オリンピックやワールドカップサッカーの放送だって、民放が放送すれば試合中にコマーシャルが入って見づらくなる。こういう国民の関心事はやはり公共放送として積極的にＮＨＫが放送するべきだと私は思う。みんなの意見をすべて取り入れていたら何もできなくなってしまい組織が衰退してしまう。みんなＮＨＫが好きで入局してきて、必死に頑張っているのだから、君なりの考えはあるだろうが、そこのところをよく考えて言動してくださいよ」

と、仰いました。

汗水たらして働いている職員の待遇をよくするためにがんばっただけ、それのどこがいけないんだ、という海老沢さんの主張は私には、視聴者より職員を大切にしているというように感じました。

私は、

「海老沢さんには金銭の不正や女性問題などは一切なく、３６５日24時間いつもＮＨＫの為にお仕事されていた事はよく知っています。とにかく私は今でも海老沢さんの事を尊敬していますし、色々お世話になったことをすごく感謝しています。」

とお伝えしました。

海老沢さんは

「それならそういうふうに世間に訴えてくれないか?」

と私に言いました。

「私は書くことを仕事にしている訳ではないので、機会があればその事を必ず世間に訴えさせて頂きます」

とお返事しました。今、そのお約束を果たすことができているのではないかと思っています。電話での会話中、終始穏やかな口調で話して頂いた海老沢さんに、私は海老沢さんの優しさと、器の大きさと、人を惹き付けるオーラを感じました。そして本当にNHKの事が大好きで、その当時でもNHKのことを心配されている事がよくわかりました。私が言い続けてきた海老沢さんの院政はもう終わっていると確信した瞬間でもありました。

NHKが裁判を開始した

2ちゃんねるでの書き込みを開始してから「2007年3月までにNHKは経営破綻する」と常々訴えていました。しかし、結果はご存じのようにNHKは経営破綻しませんでした。なぜ破綻しなかったのか。原因は色々と分析できますが、その1つが「裁判」だと考えています。NHKは従来、受信料不払いの人を裁判に訴えるということはしてきませんでした。それが、経営が苦しいからNHKから裁判を開始したのです。

2006年10月5日、NHKは受信料不払い世帯に対して法的督促を開始すると発表しました。その結果、受信料収入が大幅に改善しました。NHKの受信料制度というのは法律関係に疎い高齢者や主婦層に依拠した、ほとんど詐欺のような制度だと私は思っています。

2006年11月29日、受信料を滞納している視聴者33件に対して、NHKは初めての民事手続による「支払い督促」を行いました。

この33件というのは、都内23区の不払い視聴者の中から無作為で700件が抽出され、支払いを要請したが応じてもらえなかった人たちとのことでしたが、無作為抽出というのは信じられません。NHKが敵にしたくない、と考えるようなタイプの人たちに対して法的処置をとるとは思えません。33件の人たちは選りすぐられた弱者だと私は考えています。

裁判とは少しずれますが、NHKの集金人は、居留守などで逃げると気が弱い人と判断し何度も何度もやってきます。NHKが契約する対象はあくまで弱い人なのです。

弱者からお金をもぎ取ろうというNHKの姿勢にはさすがに黙っていられず、私の方からN

HKに裁判を仕掛けないといけない状態になってきたと感じました。

視聴者に対して裁判を仕掛けたNHK職員の本音

受信料を払わない人を脅す意味でNHKは裁判したように思われがちですが、本当はNHKの若手職員達は裁判をしたくなかったのです。

2006年不払い者の対応を国会に厳しく追求された当時の橋元会長は、不払い者には裁判すると言って国会からの追求をかわしたのです。裁判すると判決まで5年は掛かります。その時には当時の経営陣はとっくに退陣しているという目論見で裁判をはじめた、そう私は解釈しています。

不祥事の追及から受信料制度裁判へ

内部告発をした当時は、ＮＨＫの放送や事業の問題点を追及してＮＨＫを崩壊させたいと思っていましたが、そこを争点にしていてはなかなか白黒をつけられない、と思い至るようになりました。そこで、法的にはとてもいい加減な放送受信契約を追及して行くのが一番効果的だと考え方針を転換しました。

放送内容や事業の問題点と異なり、受信料の問題点なら契約についての事なので、裁判で白黒つける事が可能だからです。

当時は、契約書の控えがＮＨＫ側だけにしかなく、その契約書も7年前後で廃棄されていました。ＮＨＫと視聴者は契約書ではなく、信頼関係で結ばれていたからです。その信頼関係を損なったのはＮＨＫの責任です。

また、ＮＨＫから督促を受けて異議申し立てをしている人の中から全面的にＮＨＫと裁判で対峙する人が現れました。私はこの方も全面的にバックアップしました。

現在もＮＨＫから裁判を掛けられた人のサポートを続けていますが、私は議員になる前の

２００７年からその活動を始めていました。ＮＨＫ受信料裁判に関しては誰よりも多く関わってきた自負があります。

本人訴訟を選択した理由

弁護士費用が莫大な事と、裁判開始までに時間がかかってしまうことで、裁判を始めた２００７年当初にたてたスケジュールに間に合わないという理由から、弁護士を使わず本人訴訟で裁判する事にしました。弁護士を雇うと莫大な費用（年間３００～５００万円程度）がかかり長期間裁判を続けることができません。また代理人として弁護士を雇うと、法廷で私が証言する機会が激減すると判断しました。さらに、私の真理のすべてを弁護士に理解して貰うのは不可能なので、本人訴訟を選択したのです。

弁護士とは代理人のことであり、原告や被告が裁判する能力や時間がないから代理人を立てるだけであり、原告に法律の理解力や訴状や準備書面の作成能力、証拠の立証能力があれば、あえて代理人を立てる必要はないのです。

ＮＨＫを相手に勝てない裁判を引き受けてくれる弁護士さんが当時はいなかったという事情もありますが、結果として本人訴訟で裁判を数多く経験して良かったと思っています。

何事も人任せにしていては知識も経験も身に付きません。法律知識や裁判経験のない者が裁判を自分でやろうとすれば、それは失敗もあります。しかし、失敗を反省し、最終的にはその間違いも成功への1つのプロセスだったという事にしたいのです。一つ一つの失敗は成功へのステップなのです。「本当の失敗」とは目標を追いかける事をやめた状態を言います。

「失敗を後悔するのではなく、失敗を反省して次に活かす」

これが私のモットーです。

今では裁判の打ち合わせをする弁護士さんから「立花さんはなぜこんなに裁判や法律に関して詳しいのですか」と驚かれるくらいまでになりました。手を変え品を変え様々な角度からＮＨＫ受信料に関する裁判を行ってきた結果です。

いくつもの訴状を出して多くの裁判をしてきた目的は、ＮＨＫ自ら墓穴を掘った答弁書や証言をするのを待っていたからです。私にとってＮＨＫとの裁判は連立方程式を解くようなものなのです。ＸＹＺといった不確定要素を一つ一つ確定させて、最終的に答えを導き出すのです。

つまり私の起こした裁判にＮＨＫが答弁書をだして、裁判所が判決を出す。これで一つ目の不確定要素が確定する。そしてまた新たな裁判をして二つ目の不確定要素を確定させて、最終的に三つ目の不確定要素を確定し正解を導き出すのです。裁判は何回負けても問題ないのです。

ＮＨＫを辞めて組織の後ろ盾もない、一民間人である私が巨大組織ＮＨＫを相手に裁判を起こす様子をみて「蟷螂《とうろう》の斧《おの》」に例えて心配してくださった方がいました。カマキリがカマを大きく振り上げて車に立ち向かう様子から、弱い者が自分の力量をわきまえず、強い者に立ち向かうことの例えだそうです。

確かにそうかもしれません。しかし、いくら巨大組織とは言え弱点は必ずあります。一人一人の職員と対峙すれば決して彼らが強者でないことが分かります。そして、私は勝つまで何回でも裁判をしてきました。今も続けています。私にはそれだけの熱意・知恵・行動力・経済的余裕・時間的余裕・精神的余裕があるのです。被雇用者で定期異動のあるＮＨＫ職員らにそこまでの執着はありません。いい加減な多数の人間より、強い意志の一人の人間の方が強いのです。

確かに私は多くのＮＨＫとの裁判で負けてきました。しかし、勝った裁判も複数あります。そして今は弁護士法違反でＮＨＫを追い詰めるまでに至っています。国政政党という国家権力を背景にした組織も手に入れました。

一般の方々が無理だと思うことでも、長期に考え続け、実行に移し続け、状況を一変させることを実践してきました。諸派党構想に関しても同じことが起こると思っています。つまり、現時点で私が「政権を取る」と言っても信じられる人は少ないとは思いますが、きっと実現できると確信しています。私には将来が見えています。そして、２００７年、ＮＨＫ相手に一人で裁判を始めた頃と今とでは状況が全く違います。驚くほど優秀な人たちが私の周りに集まり始めているのです。

民主党との共闘

ＮＨＫを退局した当時、私は民主党を応援していました。「正直者が損をする社会はいけない」と主張していた民主党に受信料に関する法律の改正を期待したのです。実際、蓮舫さんや中村哲治さんをはじめとしてＮＨＫ問題を真剣に取り上げる議員が民主党には沢山いました。スクランブル放送に精通している寺田学さんにも期待していました。

２００６年3月30日参議院総務委員会でＮＨＫの契約率に関して蓮舫さんが追及したことがありましたが、情報提供という形で私はあれに関与していました。

私はＮＨＫ受信料に関する様々な裁判を起こしていましたが、勝てると思ってやっていたわけではありません。

「裁判官は採用試験で選ばれているが、国会議員は国民による選挙で選ばれている。したがって三権分立とはいえ、司法より立法府が優越する」と裁判所は過去の判決で述べています。さらに「司法は法律が著しく不合理でないと立法府の判断を尊重する」とも言っています。

ＮＨＫと私が裁判をする目的は「法律の改正をやり易くする為に、色々な裁判の判決を引き出すこと」でした。ＮＨＫ勝訴の判決内容がいかに苦しい言い分なのかを民主党に見てもらいたい、当時は、そのように考えていました。

民主党の支持基盤が労働組合であることから、民主党はＮＨＫ問題に消極的なのではないか、と疑問に思う人もいるかと思います。この点に関して私は問題ない、と判断していました。当時でもＮＨＫ労組の票は1～2万票くらいだったと思いますし、日放労に所属しているＮＨＫ職員は労働組合の指示どおり投票しない傾向がありました。民主党はそのような票より浮動票を狙っていると私は分析していたからです。

日放労というのは日本放送労働組合の略称です。ＮＨＫ唯一の労働組合で、一般職全員はこの組合に加入しなければなりませんでした。だいたい、新卒から４０代前半くらいまでのＮＨ

K若手職員が加入している組合です。

2009年の政権交代選挙では、私は民主党大阪16区森山浩行候補の選挙応援をしていました。民主党が与党になったことでNHK改革の進展に大いに期待しました。しかし、NHK改革は進みませんでした。

民主党若手議員と3時間新幹線の中で話をしたことがありましたが、民主党の議員たちもNHKを怖がっている感じがする、と言っていました。

民主党政権の目玉政策「事業仕分け」の際に蓮舫さんが注目されたことがありました。『2位じゃダメなんですか?』という蓮舫さんの発言が繰り返しテレビで報道され批判にさらされたのです。

『2位じゃダメなんですか?』の部分だけ編集されて、視聴者に誤解されている蓮舫さんの気持ちが私には分かりました。

『2位じゃダメなんですか?』と蓮舫さんが言ったのは事実です。しかし、NHKはその背景や発言の理由、本人の説明をほとんど放送しません。NHKは事実のみをうまく使い、視聴者を誤解させる放送が得意なのです。

NHKが応援している政治家に関しては、その政治家が宣伝してほしい内容は番組で詳しく取り上げますが、その政治家にとって都合の悪い内容は放送しない、もしくは少しだけ放送してごまかします。そしてＮＨＫが嫌いな政治家はその逆の事が行なわれます。特に嫌いな政治家の発言については、視聴者が誤解するようにうまく編集して放送するのです。

政治家だけではなく、ＮＨＫにとって好きな企業、嫌いな企業もあります。ＮＨＫの報道は、ウソはつきませんが編集権がＮＨＫにあるという理由でうまく世論を操作しているのです。

「民主党の議員たちがＮＨＫを怖がっている」というのはそういうことだったと思います。

民主党の政権政策マニフェスト２００９

２００９年、民主党が掲げたマニフェストは今でも通用する素晴らしいものだったと私は考えています。だからこそ国民は民主党に投票し政権を取らせたのです。

しかし、民主党の議員たちにはあのマニフェストを実行する能力がなかった。それは残念ではありますが、仕方がないとも思えます。能力がなかったからできなかったのは理解できますが、やらないと言っていた消費税増税をやったことは嘘をついたことになる、私はそう考えました。

そして、2012年10月、私は現職の総理大臣である野田さんを相手に裁判を起こしました。「子供手当、高速道路無料化などマニフェストに書いてあることはやる。書いていないことはしない」と野田さんは森山浩行さんの応援演説の際に言っていたのです。

結局、民主党の支持母体は関西電力や東京電力などの労働組合であり、民主党も既得権益を守るための政党だったのです。

大橋昌信副党首との出会い

この野田総理の裁判の傍聴に来てくれていたことがきっかけで交流が始まったのが**NHKと裁判してる党弁護士法72条違反で（旧NHKから国民を守る党）**副党首で柏市議会議員の大橋昌信さんです。彼は私が政治団体を立ち上げる前から変わらず私を支えてくれています。

当初、私は法改正・政治のことは既存の政治家にやって欲しいと思い、情報提供、陳情、選挙応援などを民主党の議員を中心に行ってきました。私自身が政治家になるつもりはなかったのです。私がやりたいのはNHK改革であり、政治家になることは手段です。目的が達成されるのであれば、手段にはこだわりません。

諸派党構想に関しては、「人気の落ちたNHKから国民を守る党の立花が再度政治家になるため、選挙で金儲けをするために考え出したことだろう」、と言われたことがありますが、その非難は当たっていません。

私がやりたいのはあくまでもNHK改革、NHKの被害者をお守りすること、そして政治改革です。それを成し遂げるために私が政治家になる必要はありません。

私自身の立候補やお金にまつわることは後程詳しくお話させていただきます。

Sengoku38との出会い

2010年11月4日、YouTubeに尖閣諸島事件映像が公開されました。中国漁船が日本の巡視船に体当たりする様子がはっきりと写し出されていました。その映像はネット上で拡散され、翌5日にはテレビでも大きく取り上げられました。

あの映像を見て私は興奮して3日間まともに眠ることができませんでした。私は、テレビの世界にいた人間です。映像を撮って放送するためにどれほど大掛かりな機材が使われているのかを十分すぎるほど知っている人間です。それがたった一人の人間によって音声と映像が含まれた動画が公開されて、世間に大きな影響を与えたことに衝撃を受けたのです。テレビ局と個人が闘うことができる時代が来た、とワクワクしました。

2011年7月30日土曜日、そのYouTubeに尖閣諸島事件映像をアップした、Sengoku38こと元海上保安官の一色正春さんとお会いすることができました。一色さんも大手の新聞やテレビの報道姿勢や報道内容に疑問をなげかけていました。

NHK退職後の生計の立て方

ここで少しだけ私の収入源の話をします。

2チャンネルに不倫情報を書いても1円の利益にもなりません。NHK退職後はパチプロとして生計を立てていました。パチプロとしての平均月収はNHK在職時より多くなっていました。私はNHK在職中からパチンコで年平均5百万円位稼いでいて、愛人にパチンコを教えてパチプロにさせたりしていました。NHK退職後はパチンコ専業だったので「儲かってしかたがない」という状況だったのです。

パチプロは自慢する事ではないと思いますが、視聴者を騙しているNHKから給料をもらうよりはマシだったと考えています。

パチプロは会社をクビになるとか資格の停止を受けるなど社会的に失うものがありません。守るものがない人間は強いですよ。パチプロだからこそ、色々なしがらみがなく政治をすることができました。パチプロだから、出版社やスポンサーに遠慮なく言いたい事が言えたのです。

パチンコと納税

パチンコによる収入に関しては、税金は納めていません。

税金というのは法律に則って納めるものなのです。パチンコで稼いだ所得を納税するという法律が存在しないのです。それはそもそもパチンコの換金が違法行為だからです。

パチンコの換金、ソープランドでの売春は法律違反です。法律と実態が矛盾しているのです。

パチンコの場合一旦景品にしてから景品を販売して現金化するのですから、表面上は合法ですが、裁判では実態が重要視されます。パチンコの実態は間違いなく換金をしており、三店システムを駆使しても実質は換金しているのです。

1日に概ね1万円を超える損得が発生するギャンブルは刑法の賭博罪に該当して犯罪行為となります。税務署がパチンコ所得を認めるということは、国がパチンコの換金を認める事となり矛盾が生じてしまうのでパチンコ所得に関しては申請の必要がないのです。

三店方式によるパチンコの換金について、警察庁の見解は「ただちに違法とは言えない」です。警察がパチンコ団体やパチンコ業界と天下りなどの方法で癒着しているので、警察が賭博罪として検挙できないのです。

「あなたを脱税で告発するから、住所と氏名を教えろ！」という内容のメールが当時、2ちゃんねるの読者さんから来たので正直に回答しました。しかし、その人は告発すると言ったきりで、私のところには警察や税務署から何の連絡もありませんでした。

2011年当時、全国に18万人程度いると言われたパチプロの誰一人脱税で摘発された事例を聞いたことがありませんでした。私はパチンコでの所得を納税したくなかったわけではありません。今の国の法律ではパチンコでの所得に課税することはできないのです。なぜならパチンコの所得に課税したら、パチンコは素人も勝つ日があるのですから、パチンコをしているすべての人が犯罪者となってしまう恐れがあるからです。さらに、別の事業と合算して税金の減額に利用されるおそれもあるからです。

私は税金を払ってでもパチプロの社会的地位を向上したいと考えています。

最大年間売上30兆円と言われたパチンコ産業

30兆円と言えば日本国の年間税収約60兆円のほぼ半分です。余暇の楽しみ方が多様化した近年でも20兆円規模の市場があると言われています。ちなみにNHKの年間受信料総額は0.7兆円です。如何にパチンコ市場が大きいかお分かりいただけると思います。

これだけたくさんのお金が動いているのに多くの国民はパチンコについて正しい知識を持っていません。正しい知識とは、パチンコで勝つ方法ではなく、パチンコを取り巻いている法律や歴史を含めたものを指しています。
諸派党構想からは、パチンコ党の宮川直輝さんが参加の準備を進めています。

NHKの変質

アサヒビールから会長、TOYOTA自動車から専務理事を迎え入れ、TOYOTA自動車に非公開でNHKの役員が天下をした結果、NHKは電通に対して弱くなってしまいました。

NHKは特殊法人であり法人税を一円も払っていません。特殊法人や公務員の最大の目標は、組織を肥大化させることにあります。自ら無駄を削り、組織を縮小することなど絶対にあってはならないことなのです。普通の民間企業とは違うのです。もしトップが組織を縮小させるようなことがあったら、そのトップは国賊として末代まで語り継がれます。

実はNHK本体よりもNHK子会社の方が莫大な金額が動きます。ここにNHKの天下りが寄生しているのです。そして天下り先の子会社の経営権を握っているのが電通です。実は電通とNHKは腐敗した関係にあります。子会社の人事権を握っている電通の意向が、NHKの番組に反映されるのは当然のことです。

民間企業は営利を追及するのが宿命ですから電通や民放を責めるつもりはありません。営利主義に走ってしまった、そして現在も走ってしまっているNHK職員に対して、私は警鐘を鳴らし続けているのです。

Twitterと遠藤信一さんとの出会い

Twitterを始めたのは2009年12月7日でした。はじめはほとんど反応がありませんでした。Twitterで私の存在を知り、その後YouTubeも見るようになってくださったのが、現在、宇都宮市議会議員をしている遠藤信一さんです。彼は3．11に対するマスコミ報道、特にNHKの報道に疑問を持って調べているうちに私の存在を知ったと言います。そして、当時から私は自分の携帯電話番号を公開していたので、遠藤さんから直接お電話をいただきました。私の活動に共感し支援したいと申し出ていただきました。私はNHK受信料の不払いをお願いしました。

ＮＨＫとは契約して不払い。契約は義務だが、支払いは法律上の義務ではない。これは、私が政治家になる前から一貫して訴えていることです。

立花孝志ひとり放送局開局

２０１１年10月9日(日)、私は2ちゃんねるで次のように宣言しました。

「近々、私一人の放送局を立ち上げます。放送局といってもニコニコ動画やＹｏｕＴｕｂｅでの動画配信ですが・・・ＮＨＫの不正の実態を犯罪内容や実名をあげて公開するほか、受信料の効果的な不払い方法を紹介するつもりです。講演会の講師をしている私、立花孝志の映像を配信する計画を現在進行中です。放送局（ＮＨＫ）には、放送で対抗する事にしました。正々堂々と戦います」

２０１１年11月16日水曜日 23時、ついに「ＮＨＫ内部告発者 立花孝志一人放送局」の誕生です。それからは一般の方からのご質問に映像でお答えさせて頂くスタイルに変更しました。立花孝志の本領が発揮できる環境が整った瞬間でした。

２０１１年11月17日木曜日、第2回目の放送アップロードが完了しました。と思ったらアップロードが長すぎて削除されてしまいました。はじめはこんな感じでした。

やはり文字で読むのと映像と音声で認知するのではインパクトが全然違います。

炎上

黎明期のＹｏｕＴｕｂｅはかなり自由でした。今のＹｏｕＴｕｂｅの基準では許されない為、当時の動画は残っていませんが、私はかなり過激路線で投稿をしていました。

ＮＨＫは問い合わせをすると、多くの職員は丁寧な言葉で対応します。しかし、のらりくらりと肝心なことには答えません。担当者に確認するので折り返し電話をします、と言われて待っていても連絡がないことが多々あります。

現地に赴き問いただしても、そこでものらりくらりの対応をします。その様子をＹｏｕＴｕｂｅで撮影して公開しました。さらに、はっきりしない相手の前で机を叩いてどやし上げる場面も撮影してＹｏｕＴｕｂｅにアップロードしました。

それらは演出であり、私が本気で怒っていたわけではないことは、事前の打ち合わせ風景などを録画していたことからも、当時私のチャンネルを見ていた人は理解していたと思います。

2ちゃんねるの時に、ＮＨＫ職員の不倫情報を公開することで注目を集めてＮＨＫ問題に関心を持ってもらったように、ＹｏｕＴｕｂｅでは過激に行って注目を集めて、本来の私の目的であるＮＨＫ問題に興味を持ってもらう意図でやっていました。

とは言え、巨大組織ＮＨＫに単身立ち向かい、ＮＨＫ関係者を叱りつける様子の映像は一定のニーズがあったようです。

現在、ＮＨＫ党コールセンター長を務めている川口尚宏さんは、当時を振り返って次のように述べています。

「仕事から帰って立花さんの動画を見るのが楽しみでした。ＮＨＫの不正を暴き、ＮＨＫ職員やＮＨＫ集金人を成敗している様子を見るとスッキリしたのです。あれらの動画を見て私は立花孝志の大ファンになりました」と。

当時、私は「ＮＨＫ受信料不払い安心保険」というものを販売していました（弁護士法に抵触することを指摘され現在は販売中止）。川口さんはその代理店になってくれましたし、立花孝志ひとり放送局の株主にもなってくれました。船橋市議会議員選挙の際には、2人で一緒に、駅前に永遠と立ち続けたこともありました。

炎上は確かに注目を集めるための演出でしたが、私がＮＨＫ問題に真剣に取り組んでいることがきちんと伝わっていたからこそ、彼はそこまで協力してくれたのだと思います。

視聴者によるＮＨＫ戸別訪問撮影の成功

主たる情報発信の場が2ちゃんねるからＹｏｕＴｕｂｅに移行しても当然ＮＨＫ関連の裁判は継続していました。そして私のＹｏｕＴｕｂｅを見て興味を持ち、実際に自分の目で立花孝志と言う人物を確かめてみようと考える人がいました。彼は東京の裁判を傍聴に来てくれていました。

彼も「ＮＨＫ受信料不払い安心保険」その代理店になってくれました。また、彼はＮＨＫ職員が受信契約締結のため訪問してきたところを撮影してくれた最初の人物でもあります。

その人が現在、浜田聡参議院議員の公設第2秘書をしている伊東勇さんです。

みんなの党渡辺喜美さんとの縁

既得権益を打破する政党・政治家としてはみんなの党渡辺喜美さんに期待しています。

NHKから国民を守る党を結党し政治家を志す前は、みんなの党のアジェンダに共鳴し、大阪でみんなの党のサポート、選挙運動の手伝いなどをしていました。

まずはじめは、取り敢えず電話をしてみました。渡辺喜美さんがマンションの一室を借りて党を設立している様子などをテレビで拝見していて、なんとか自分の力を役立たせることはできないものかと考えたからです。

2012年12月の総選挙の前に、東京のみんなの党本部に電話したところ、問い合わせなどが殺到している様子で、なかなか繋がりませんでした。やっと通じたところ応対に出たのが党職員の方だったと思うのですが、「立候補できないか」と打診をしたところ、「急にそんなことを言われても」、という雰囲気でした。そこでニュースの深層に出演したご縁で知り合い、連絡先を知っていたジャーナリストの若林亜紀さんに連絡をして相談しました。当時私は大阪に住んでいましたので、伏見隆さんに申し出るのが一番良いだろうと助言をいただきました。

2012年のことだったと記憶していますが、当時伏見さんは石井竜馬さんの選挙対策本部にいました。自分自身がみんなの党から立候補する意欲はありましたが、その時はご縁がなかったため2013年に自分で政党を立ち上げることになりました。

その後、2019年に私が参議院議員となり渡辺喜美さんを代表として会派みんなの党を結成することができましたので、ご縁はあったと今では考えています。

NHKから国民を守る党立党

橋下徹さんと政治団体設立の関係

私がNHK問題を解決する手段として政治団体を立ち上げたことは、弁護士で元大阪府知事・大阪市長の橋下徹さんの影響があります。

2008年、私は、大阪府知事選に立候補していた橋下さんの演説を難波にある大阪高島屋前で聞き心を打たれました。それ以降、橋本さんの政治家としての活動には注視するようにしています。橋下さんは3億円の年収を捨てて政治家になりました。また、2015年、大阪都構想の住民投票で、僅差で敗れ、潔く政治家をやめられました。それらのことから私は橋下さんを信頼し、政治家として尊敬し、その政治手法を学ばせていただいてきました。

私は橋下さんと直接2人で面会したことはありませんが、2回橋下さんの会見に参加をして質問をさせていただいたことがあります。

2012年1月4日大阪市長会見

NHK受信料制度問題について何か活動する予定があるかを質問しました。橋下さんの回答は、

「大阪市役所の所長としては、今はないですね」

というものでした。

「今は」ということでしたので、いずれはやってくれるのかな、という期待を残しました。

２０１３年５月23日大阪市長会見

週刊朝日の記事に対して民事及び刑事を含めた提訴をされるという発言について詳細を質問しました。橋下さんの回答は、

「個人の話なので答える必要はない」

でした。会見での表面的なやり取りはこれだけでした。この時の会見ではＮＨＫには触れませんでしたが、私はＮＨＫのスクランブル放送は橋下さんでも手を付けられない問題なんだと感じたのです。そこで、

「よしっ、この問題は俺がやろう」

と決意しました。

自分の政治団体の立上

そして会見に参加した翌月、２０１３年６月に「ＮＨＫ受信料不払い党」を設立し、翌７月

に「ＮＨＫから国民を守る党」に党名変更しました。

この時点で私は６年後の２０１９年に自分自身が国会議員になり、ＮＨＫから国民を守る党を国政政党にすることを目標としました。国政政党を立ち上げないと総選挙を戦えないからです。そして、国政政党を立ち上げるために何をするかを逆算して行動していきました。

初選挙

自分が国会議員になり、公党を立ち上げることを目標に掲げましたが、私には知名度もお金も親族の援助もありませんでした。大卒ですらありません。

何をするにしてもお金が必要なので地方議員を増やして資金的な基盤を作ってから国政にチャレンジすることにしました。

そこで、立党の３か月後である２０１３年９月の大阪府摂津市議会議員選挙に立候補致しました。当然、当選するものと予想しての出馬です。理由は2点ありました。一つは、地方選挙に出馬経験のある知人の実績との比較でした。彼にそれだけ得票できるなら自分はもっと取れるだろう、という大まかな読みでした。もう一つは、お金を掛ければ当選できる、という仮説でした。そこで、かなりの財産を投入しました。結果は、見事に落選でした。

摂津市議会議員選挙の際に演説をしていたら「うるさい」と文句を言ってきた人物がいました。選挙期間中は、確かに大きな音で演説をして近隣の皆様にご迷惑をお掛けしている自覚はあります。そのため、大きな音量で演説ができる期間が法律で決まっているのです。市民の方に我慢をしていただくことが法律上許されるほど、選挙というのは民主主義の維持、発展において重要なものだと考えています。ちなみに、「うるさい」と苦情を言ってきた彼は、現在、ネット選挙株式会社の代表をしている牧原慶一郎さんです。

後でご説明する諸派党構想では、選挙経験のない人たちに選挙に出ていただくことになります。その際、選挙にまつわるノウハウに関して彼の会社がコンサルティングする予定になっています。

当選しやすい選挙、当選しやすい地区

「失敗を後悔するのではなく、失敗を反省して次に活かす」

繰り返しますが、これが私のモットーです。

摂津市議会議員選挙の結果を受けて、選挙というものを徹底的に研究するようになりました。日本全国の選挙にまつわるデータをエクセルに入れて日夜研究したのです。私は、文章を読んだり書いたりすると直ぐに眠くなってしまいますが、数字に関しては相性が良く、エクセルデータは一晩中眺めていても眠くなりませんし飽きません。

日本のあらゆる種類の選挙、あらゆる地区の選挙を研究した結果、ある事実に気が付きました。

「選挙には当選しやすい選挙、当選しやすい地区がある」

ということです。

そこで東京都の町田市に引っ越しをして2014年2月の町田市議会議員選挙に立候補しました。結果は落選でしたが、次々点であり手ごたえを感じました。

日本一当選しやすい選挙区での出会い

次は千葉県の船橋市に引っ越しをして、２０１５年４月の船橋市議会議員選挙に挑戦することにしました。

私が船橋市で政治活動をしていた２０１４年12月頃に出会ったのが現在、ネット選挙株式会社で実務の大半を担っている武元誠さんです。彼は元々ご両親から「ＮＨＫの受信料なんて払わなくてよい」と言われていたそうです。しかし、なぜＮＨＫ受信料を払わなくて良いのか疑問を抱き続けていました。

そのような状態の時、彼が通学途中の船橋で政治活動をしていた私を発見したのです。それが彼と私の出会いでした。私たちは「ウグイス嬢」というものを雇いません。音声をテープに吹き込んで無限ループで流し続けます。そのテープの「ＮＨＫ受信料」という音声を聞いて武元さんは私に近づき摂津市議選の残りだったチラシを受け取ったのです。

私の支持者の大半がインターネットで私の存在を知りますが、武元さんはリアルの場で私を発見し協力者となったレアケースです。現在、武元さんは私の選挙ノウハウを最もよく理解している人物です。

そんな彼でも私が２０１５年４月の板橋区議会議員選挙に立候補を勧めたところ断わってきました。理由は、私が「得体が知れない」ということだったようです。

後に私の最大の理解者となる武元さんですらそうだったのですから、私と会ったことも話したことも無い人が私、立花孝志を「あやしい」と思うのも無理はないかもしれません。

ＮＨＫから国民を守る党初議席獲得

船橋市議会議員選挙の結果は2，６２２票を獲得して当選でした。私にとって初の当選です。そしてＮＨＫから国民を守る党としても初の議席でした。これを機に心の病は完解に入り以後、薬物治療からは離脱できています。

選挙当日の船橋市の有権者数は４９１，７９１でした。それに対して船橋市議会の定数は50です。船橋市は日本一当選しやすい選挙区なのです。

25歳未満立候補権裁判当事者

現在、私の秘書的業務や党の経理、総務省などへ提出する書類などの事務的実務を一手に引き受けてくれているのが粟飯原美佳さんです。彼女とは、私が船橋市議会議員になった翌春に出会いました。

当初は葉書に宛名シールを貼付したり、撃退シールの発送を手伝ったりしてくれていましたが、後にＮＨＫから国民を守る党が公党となってからは、本部でアドミニストレーションを担っていただいています。

我が党は、党費の運用に関して外部の方から指摘を受けることが少なからずありますが、一度たりともお金の面に関して政治資金規正法違反などの法律事件を起こしたことはありません。私自身がＮＨＫの経理畑で長年働いてきたため経理のことを熟知している、ということもありますが、日々の実務を遂行してくれている粟飯原さんの貢献によるところが少なくないと私は考えています。

このように、粟飯原さんは国政政党の運営を担う人物であり、納税者でもあるにも関わらず、2021年5月14日以前、彼女は選挙に立候補することができませんでした。25歳未満だったからです。

公職選挙法には「25歳未満の人」、或いは「25歳を超えていても過去に法律で定められた犯罪をして公民権が停止されている人」、「日本国籍の無い人」には被選挙権がないと書かれています。そして、25歳未満の人は被選挙権がないだけであって公職の候補者になる権利はある、つまり立候補することはできる、と解釈することができます。

被選挙権とは、その職に就くことができる権利のことです。被選挙権は公職選挙法第10条、11条に記載があります。一方、公職選挙法第86条には、「公職の候補者となろうとする者」という言葉があります。わざわざ、書き分けています。そして、そこには25歳未満の人は除外するとは書いていないのです。

選挙というのは、当選して議員などになるという目的のほかに、自分の政治信条等を周知させるという目的もあります。公職の候補者となれば自分の政治信条を選挙の場で訴えることができるのです。

「25歳未満の者でも立候補して当選する権利があっても良いのではないか」

と訴えたいのです。彼女は現在簿記二級も取得し、実務処理能力もそのキャリアの中で証明してきています。そんな彼女の政治的考えを選挙の場で表現する機会を奪う必要がどこにあるのでしょうか。憲法第21条が保障している表現の自由の侵害そのものではないでしょうか。

その憲法で与えられた国民の権利を守るために裁判所が存在するのです。違憲立法審査権が裁判所に与えられているのはそういう主旨です。

粟飯原さんは、25歳未満の若者が政治的に排除されている現状を、1人でも多くの国民に気付いて欲しいとの思いから、彼女自身が25歳未満の時に鎌ヶ谷市議会議員選挙と、印西市長選挙に立候補を試みてくれました。そして、立候補が認められなかったため、裁判を起こしました。

その第一審判決が2021年4月20日、東京地方裁判所で出ました。裁判官は判決文に、

「(前略) 同条項 (憲法第21条) が、公職の候補者という立場で、選挙において自らの政見を訴える機会まで保障するものではない (後略)」

と書いてきたのです。判例や学説などの根拠もなしに、裁判官は言い切ったのです。とても重大な判決であり私はこのことを大いに問題視しています。現在、控訴していますのでこの裁判はまだ終わっていません。このような重大な判決が出ているのにも関わらずほとんどのマスコミは報じていません。是非、国民の皆様にはこのようなことにも関心を持っていただきたいのです。問題提起をしてくれた粟飯原さんにも是非注目してください。

そして、25歳未満の若者を政治の場から排除しているのは誰なのかを考えて見てください。

それが既得権者、既に議員になっている人たちだと私は考えています。

その後の選挙で立花理論の正しさを証明

船橋市議選で自分の理論の正しさを証明できたと思いましたので、野田総理の裁判で知り合った大橋昌信さんに、船橋から埼玉県の朝霞市に引っ越してもらい２０１５年12月の朝霞市議会議員選挙に挑戦してもらいました。結果は見事当選でした。

私の理論に再現性があることが証明されたと自信を深めました。その後のいくつかの選挙を経験して、選挙は定数や人口などの数値だけではなく、その人の持っている俗人的な要素も影響することが分かりました。

40歳前後のイケメン男性は票を取るのです。地元のご婦人方の横のつながりで口コミ情報が広がるからと分析しています。そして、大橋昌信さんはまさに40歳イケメン男性だったのです。

その後、２０１６年４月の志木市議会議員選挙で３人目の当選者を出すことができました。当時はＮＨＫから国民を守る党から立候補してくれる人を探すのが本当に大変でした。日本人で25歳以上で名前さえ書くことができれば公認していたような状況でした。

そして志木市市議選勝利の3か月後の2016年7月、私は船橋市議会議員を辞職して東京都知事選挙に立候補しました。

議員辞職し都知事選に出馬

政治団体を立ち上げてから1年と10か月後、3度目の選挙で得た船橋市議会議員の議席でした。沢山の時間と労力とお金（主に摂津市議選で）を使いました。議員になることで社会的信用を得ることもできましたし、収入も安定しました。船橋市議会議員時代は自民党と会派を組ませていただき、市議会議員としての仕事にもやりがいを感じていました。

しかし、その地位を捨てて私は2016年の東京都知事選挙に出馬をしたのです。緑の小池ブームが幕を開けるところでした。

私が東京都知事になれる可能性は0%でした。そのことは誰が考えても分かります。私の周り全ての人が私の行動を理解することができず、都知事選に立候補することに反対でした。「当選するわけがない。せっかく市議会議員になれたのにもったいない」そんな反応でした。

しかし、私は立党時の、

「6年後の2019年に自分自身が国会議員になり、NHKから国民を守る党を国政政党にする」という目標に沿って行動していました。

そのプロセスの中で都知事選は外すことのできない選挙でした。

東京都知事選の魅力は300万円の供託金を支払えばテレビに出て自分の存在を多くの人に知ってもらう機会を得られるところにあります。

2016年の都知事選には21人が立候補しました。テレビ各局は主要候補として3人に絞った報道をし、それ以外の候補者に掛けた時間は民放主要報道4番組で僅か3%だったことが幸福実現党の調査によって明らかになっています。こうなることはNHKの選挙班にいた時の経験から想定内でした。

都知事選の魅力は国政政党の候補者でなくても政見放送に出られることにあります。そして、政見放送はYouTube上にアップロードして拡散することが可能です。

私は政見放送を収録するスタジオで、

「NHKをぶっ壊す」と笑顔で爽やかに唱えました。

そして、演説の最後に、

「さて、わたくしはこの放送中に『NHKをぶっ壊す』と何回言ったでしょか。続きはWebで、NHKから国民を守る党と検索してください」

と訴えました。多くの人は「大丈夫かこのおっさん」という顔をして私のことを見ていましたが、一部の人にはこれがウケました。賛否合わせて、私の知名度はかなり上昇しました。どんなに素晴らしい発言をしていても聞いてもらえなければ意味がありません。ふざけている、と批判されようとも、私は自分の存在を知ってもらい、主張に耳を傾けて貰うためにあの政見放送を実行しました。

想像してみてください。自分がカメラの前に座って数分間一人で喋り続けることを。政見放送の撮り直しは一度しかできない為NHKのスタッフも緊張しています。そのような環境の中でふざけることができるのは、能力がある人か変人のどちらかです。

当時、岡山県倉敷市で画像診断医をしていたある医師が2016年の都知事選立候補者の政見放送すべてを視聴していました。そして、私に向けて年明け元旦にメールをしてきたのです。「NHKから国民を守る党」から立候補したい、と。

その医師が今、我が党で参議院議員をしている浜田聡さんです。

葛飾区議会議員当選まで

都知事選に落選した後は、大阪府の茨木市に転居して2017年1月の茨木市議会議員選挙に立候補しました。この選挙では落選してしまいましたが、同年6月に行われた尼崎市議会議員選挙で4人目の当選者を出すことができました。武原正二さんです。

武原さんとは2014年の川西市議会議員選挙の際に出会いました。その1年ほど前、彼はNHK集金人の悪質な対応に悩まされ、インターネットで色々と調べた結果、私に辿り着いたと言います。私は当時、FC2というプラットフォームも使ってライブ配信を行っていましたが、1人でNHKと戦っている私をなんとか応援したいということで、彼は投げ銭をしてくれていました。

当時はあちこちの選挙に候補者を立てて、私が立候補者の供託金や家賃を出していたので、資金面では大変苦しい状況にありました。投げ銭は嬉しかったです。

武原さんに尼崎市議会議員選挙に立候補していただいたのは、当初はNHKから国民を守る党の活動を周知させるための広報が目的でしたが、後に、資金面でだいぶ行き詰まり、私のクレジットカードが止められてしまうほどまで悪化していた為、尼崎市議選は党の存亡を掛けた戦いとなりました。

当選した武原さんには、もちろん強制ではないにせよ、議員としてのお給料から党に寄付をして貰えればありがたいと申し出ました。

その後、私は同年の都議会議員選挙を経て11月に行われた葛飾区議会議員選挙に当選することができましたが、それまでの間、実際、武原さんは私の活動を経済的に支えてくれました。

多くの人は一度議員となって「先生、先生」と呼ばれるとその地位に固執するようになります。しかし、武原さんは、「自分には政治家として見合う能力はない。早く政治家を辞めたい」と私に訴えてきたような人物です。「投票してくださった有権者のためにも任期を全うした方が良いのではないですか」という私の説得を受け入れ、任期満了までその職を全うし、政界から身を引きました。彼のように既得権益を手放すことができる人物こそ今の政治の世界に必要だと私は考えています。議員になることだけが政治の道ではありません。私は武原さんのことを一生サポートしていかなくてはならないと感じています。

あの時期、そして武原さんに限らず私の活動を経済的にも実務の面でも支え続けてくださった方は沢山います。○○っきーさんや、○○ペルさんなど具体的に思い浮かぶ名前の方もいますが、全ての人のお名前をあげることはできないことをご理解いただけると嬉しいです。

続々とNHKから国民を守る党の候補者が当選

2017年11月に私自身が葛飾区議会議員選挙に当選した後は、2019年3月までに東京都町田市、埼玉県春日部市、東京都立川市、兵庫県川西市、千葉県松戸市、同八千代市、東京都西東京市、同台東区で候補者を当選させました。

統一地方選挙での躍進

2019年4月、NHKから国民を守る党を立党してから2度目の統一地方選挙では47人の候補者を擁立し26人が当選しました。そのうち、東京23区で選挙が行われた20の選挙区すべてに候補者を立て、17名を当選させることができました。

ＮＨＫから国民を守る党は、テレビ、新聞、ラジオ、雑誌などいわゆるオールドメディアではほとんど取り上げられませんでしたが、このような成果をあげることができました。

そして、統一地方選挙でこれだけの目覚ましい躍進を遂げたのにも関わらずテレビで大々的に取り上げられることはありませんでした。政治家がＮＫＨと戦うと言うことはこういうことなのです。

ＮＨＫの会長は国会議員よりも強い

かつて私は「海老沢さんに国会議員にならないのですか」と聞いたことがありました。海老沢さんの答えは「否」でした。国会議員よりになるよりもＮＨＫの会長でいるほうが日本の政治に強い影響力を及ぼすことができる、そんな話だったと記憶しています。

東国原英夫さん、田中康夫さん、横山ノックさん、小池百合子さん、舛添要一さん、青島幸男さん、森田健作さん、山本太郎さん、今井絵理子さん、三原じゅん子さん、これらの方に共通する点は「テレビで有名になってから政治家になった」ということです。

テレビは政治家を作り出すことすらできてしまいます。既成政党に属することなく、さらにテレビで好意的に取り上げられることなく政治の世界に新規参入するには非常に高い障壁があります。

私は、地方選挙で勝利を積み上げることでその障壁を突破する足掛かりを着実に作り上げていきました。

葛飾区議会議員失職

統一地方選挙が終わった翌月、2019年5月の足立区議会議員選挙にNHKから国民を守る党公認の候補者を擁立しました。そして、私自身は2019年6月の堺市長選挙に立候補しました。これによって葛飾区議会議員は自動失職となりました。

この動きも多くの方に理解いただけず、沢山の批判をいただきました。

ただ、繰り返しますように2013年にNHKから国民を守る党を立党した時から、6年後の2019年に私が国会議員となり、NHKから国民を守る党を国政政党にするという目標で歩んできました。

統一地方選挙後、7月の参議院議員通常選挙までの間、選挙に出なければ選挙運動を行うことができません。それを可能にするために足立区議選と堺市長選に出馬しました。

選挙というのは当選することだけが目的ではありません。自分の政治信条、自分の党の存在を周知することも重要な目的となります。その為選挙ポスターを貼ったり、大きな音で演説したりすることが選挙期間中は許されているのです。そして、選挙演説は、その選挙区外で行うことが可能です。埼玉の選挙に立候補して池袋で演説しても構いませんし、桜井市の選挙に出て小金井市の住宅街で演説をしても法的には許されるのです。

私たちはインターネットを活用している政党です。選挙運動の様子を動画で撮影してＹｏｕＴｕｂｅ等にアップロードすれば、自分自身がどこにいようとも全国の有権者にその様子を届けることができるのです。私は参議院議員選挙の全国比例区に出馬をする予定でしたので、全国の有権者の方がターゲットでした。

インターネットを活用していますが、テレビの影響力はまだまだ強大で無視することはできません。

関西は政治に対する関心が高く、堺市長選挙に出れば関西地区のローカル放送で取り上げられる可能性が大いにありました。NHKから国民を守る党は関西での知名度をさらに伸ばす必要がありましたので、人口約2，000万人の関西圏の人たちに我が党の存在を訴求できる堺市長選挙に出馬することは、葛飾区議会議員の座に固執するよりも魅力的なことだったのです。

NHKから国民を守る党 国政政党へ昇格

そして、ついに迎えた2019年7月の参議院議員通常選挙です。

過去の選挙結果を分析するとNHKから国民を守る党は、ほぼどの選挙でも幸福実現党さんの約2倍の得票を得ていました。そのような形で様々な角度から予測した結果、私が全国比例区で1．8％の票を得て当選する可能性は十分ありました。

しかし、それでは国政政党になることはできません。国会議員1人誕生するのと、NHKから国民を守る党を国政政党に昇格させるのとでは雲泥の差があります。

国政政党になるには次のどちらかの条件を満たす必要があります。

1、国会議員5人以上を有する政治団体

2、国会議員を有し、かつ、前回の衆議院議員総選挙の小選挙区選挙若しくは比例代表選挙又は前回若しくは前々回の参議院議員通常選挙の選挙区選挙若しくは比例代表選挙で得票率が2％以上の政治団体。

1の条件をNHKから国民を守る党が満たすことは現実的ではありませんでした。標的は第2の条件になります。

まず、国会議員が1人いることが必要になります。万が一、私が落選しNHKから国民を守る党から国会議員が生まれなかった場合に備えて、選挙前に北方領土戦争発言で無所属になっていた衆議院議員丸山穂高さんと交渉をしていました。

次に、比例代表選挙つまり全国比例で2％を超えない可能性が出てきましたので、選挙区選挙の得票の合計で2％を超えることも目指しました。

参議院議員選挙で41名擁立

選挙区選挙若しくは比例代表選挙で2％以上の票を得ることを目標に、2019年7月の参議院選で我が党は比例区4名、選挙区37名、合計41名の候補者で戦いました。これは野党第一党の立憲民主党の候補者42名に匹敵する人数でした。

1億5千万円の借金をして臨んだ私にとって失敗は許されない選挙でした。

しかし、選挙に強い人間は既に統一地方選挙で26名当選してしまっています。参議院選に出馬してくれた人たちは、統一地方選挙で落選した人か急遽の募集に応じてくれた人たちでした。統一地方選落選組の間では参議院選の政見放送は「罰ゲーム」と言っていたようなそんな状況でした。

歴史に残る組織的面白政見放送

メンタリストDaiGo絶賛　立花孝志の政見放送

「不倫、路上、カーセックス」

というフレーズで私の政見放送は一躍有名となりました。2021年6月現在で約600万回その動画は再生されています。「ＮＨＫをぶっ壊す！【政見放送】ＮＨＫから国民を守る党【立花　孝志他３名】全国比例区」とＹｏｕＴｕｂｅで検索していただければ今でもご覧いただくことができます。

この政見放送を見た方の大半の第一印象は「立花孝志はバカっぽい」というものでした。もちろん私はわざとバカを演じました。バカになってふざけないと、話を聞いてもらえませんが、バカなフリをすると人が集まり、話を聞いてもらえるようになります。

あの政見放送のスピーチは３年間、練りに練って作り上げたものでした。前述しましたように、私は海老沢勝二さんがＮＨＫ会長だった時にスピーチ・ライターをしていました。

２０１６年、東京都知事選の頃から選挙演説の際に、聴衆の方の反応を見て、世の中の人に受ける表現を探求し続けていました。良いフレーズが見つかれば携帯電話のメモ機能に書き留めておきました。普段、私は演説の際には原稿を読むことはなく、即興で話をします。しかし、あの２０１９年、参院選の政見放送の際には原稿を用意して演説に臨みました。

あの演説にどのような仕掛けが仕込まれていたのかはメンタリストＤａｉＧｏさんが自身のＹｏｕＴｕｂｅで「ＮＨＫから国民を守る党【立花代表の当選理由を心理学的に解説】」という動画がありますので、ご興味ある方は是非ご覧になってください。効果的なスピーチというものがどういうものであるのかが分かると思います。

DaiGoさんの評価は
「スピーチにはユーモアが必要です。つまらないスピーチばかりをやっている政治家を抜いてあれだけの躍進を遂げたのは当然と言えば当然」

というものでした。ユーモアを交えて語られた人物の方が、真面目一辺倒の場合よりも「有能」という評価を得たという研究結果があるそうです。そしてDaiGoさんは次のように詳しい解説をしてくれました。

「前半ユーモアで気を引いて後半真面目に訴える」「子どもでも分かるスピーチをちゃんとしている」「専門用語をあまり使わないようにしている」「子どもにでも理解できるストーリーを入れている」「韻を踏んでいる」「例え話がうまい」「ワン・メッセージ、ワン・アウトカム（1つのスピーチで伝えたいことは1つに絞る）の原則を守っている」「広告では常識と言われている原則、一つ一つのトピックを必ず3回から5回は繰り返している」「『政治家』ではなく『政治家YouTuber』と自称しておりキャッチコピーを抑えている」などの解説です。そして更に、専門的な解説に続きます。

「宗教家や時代を動かした政治家、革命家が必ず使っていたスピーチの3つのポイントを抑えている」、私の手の内がすべて種明かしされてしまっています。

①【社会的証明の利用】　政界での最大級のSNS登録者数や再生数、アクセス数の可視化。みんなが良いと言っていたり、流行っていると知ると大衆は興味を持つという心理の利用。「NHK受信料を不払いしても政治家ができる」ということもこの手法。

②【仮想敵を作る】　自分を庶民派の代表、少数のエリートを仮想的とし大衆の支持を得た。

③【大義名分】「NHK内部の不正経理を告発したらいじめを受けて退職」「正直に生きた人がバカをみる、いじめられる社会はおかしい」「正直に謝ろうとしている人が心の病で自殺してしまったりする理不尽」さを訴えた。「国民の気持ちを理解できない政治家がそういう制度を作っているのがおかしいんだ」と論理展開している。

メンタリストＤａｉＧｏさんは、「素晴らしいスピーチだと言わざるを得ない」と解説を締めくくっています。

ちなみに、ガジェット通信ネット流行語大賞２０１９では「ＮＨＫをぶっ壊す」が金賞、「Ｎ国党／ＮＨＫから国民を守る党」が銀賞を受賞しました。この賞は一部の審査員の恣意的な判断ではなく、ネットアンケート等を通じた投票で選ばれるものです。そのため、より世論と近い結果が反映されると思っています。この結果からも分かるようにメンタリストＤａｉＧｏさんのような専門家の方だけでなく、多くの国民に支持された政見放送だったと理解しています。

令和の百姓一揆的政見放送

2019年参院選、NKHから国民を守る党のキャッチフレーズは「令和の百姓一揆」でした。私も含め、NHKから国民を守る党から立候補してくれた人たちはまさに庶民と呼ばれるにふさわしい人の集まりでした。庶民がかしこまった政見放送などする必要はありません。「各自の好きなように政見放送に臨んでください」と大前提を掲げましたが、「面白おかしくやって欲しい」という私の希望も伝えました。

その結果、個性的な政見放送が38本誕生しました。選挙区選挙の37人の立候補者には5分30秒の政見放送の時間が与えられます。比例は私と浜田聡さん、岡本介伸さんの3人で17分でした。合計すると13,230秒。分に直すと約220分。時間して約3時間40分もNHKから国民を守る党のアピールがNHKでできたのです。更に、政見放送は民放でも放送されますので、NHKから国民を守る党のPR動画が倍の時間テレビで放送されたことになります。そしてそれらは、YouTubeで繰り返し再生されました。

現在、副党首を務めている大橋昌信さんは、政見放送の中で朝霞市議会議員時代に実際に彼自身が受けた相談の中で印象に残っているエピソードを2つ紹介しました。

一つ目は、埼玉県内に住む80代女性からの相談でした。その女性は白内障を患っていた関係で医師からテレビを見ることを止められており長年テレビを見ていませんでした。家にはブラウン管テレビがありましたが、地上デジタル放送に移行してからは放送を受信しないテレビとなっていました。年金暮らしであったため廃棄費用を節約しテレビはそのまま保有していたそうです。NKHが映らないテレビでNHKを見ていないにも関わらず、NHKの訪問員は、その女性に受信料の支払いを求めたそうです。金銭的にも豊かでない、1人暮らしの老女に対して理不尽な要求をするNHKに対して大橋さんは怒りで震えた、と訴えました。

二つ目のエピソードはワンセグ機能付き携帯電話に関するものでした。相談者は寝たきりで認知症の父を介護している親族の方でした。その認知症の男性は妻からプレゼントされた携帯電話を形見として13年間大切に持ち続けていたそうです。その男性の部屋は携帯の電波が入らず、寝たきりで移動ができない為、携帯電話としては使っておらず、13年間充電せず、電源すら入れたことがなかったそうです。それにも関わらず、NHKの訪問員はその携帯電話を持っていることでNKHと放送受信契約を締結する義務があり、滞納した受信料を支払うように求めてきたとのことでした。その額なんと20万円。「母がプレゼントした携帯電話が父を苦しめることになるなんて」と相談者は大橋さんに語ったそうです。

「NHKを見ないから契約しない、受信料を払わない、と言った選択肢を国民に与えるべきだとは思いませんか」と彼は訴えました。

彼自身が実際に聞いた悪質なNHK集金人の実態は多くの人の心を捉えたと思います。その結果、大橋さんは落選したものの129，628票を獲得しました。このことによって彼は党の財政運営上多大なる貢献をすることになりました。このことは諸派党構想を理解する上でとても重要な点となります。後章、諸派党構想でご説明いたします。

大橋さんのように気持ちを込めてNHK問題を語る候補者もいる一方、インパクトのある面白政見放送を行った候補者もいました。

現在、ネット選挙株式会社で代表をしている牧原慶一郎さんは5分30秒間、一言もしゃべりませんでした。

栃木選挙区から立候補した町田紀光さんはイチゴの帽子をかぶりサングラスを付けて「とち

おとめ町田です」と冒頭挨拶しました。賛否両論あるのは間違いありませんが、多くの人の記憶に残ったのは事実だと思います。悪名は無名に勝る、です。2021年6月4日現在、町田紀光さんは「議席を減らします党」「フランチャイズ本部からオーナーを守る党」「独身生活の人を応援する党」「NHKから国民を守る党」のいずれかから諸派党構想に参加することを検討しています。

ホリエモンも注目した政見放送の人物

数多くの話題を生んだ2019年参院選NHKから国民を守る党の政見放送でしたが、白眉だったのが三重県選挙区から立候補した門田節代さんのそれでした。

あのホリエモンこと堀江貴文さんの記憶に残り「絶対見たほうがいいよ」と人に勧めるほどインパクトのある政見放送でした。

門田さんは党関係者の中でも最も古くから私のことを支援し続けてくれている人です。

2011年9月19日、私は2ちゃんねるに次のような書き込みをしました。

「私のインタビュー内容がたくさん書かれた本が出版されます。タイトルは【大マスコミ 疑惑の報道】【三橋貴明】さん著書　飛鳥新社から今月22日出版されます。Amazonでは発売開始しているようです。購入していただければ幸いですが、くれるなら読むよって方がいらっしゃれば、住所をメールで教えていただければ自宅に郵送させて頂きます。」

そうしたところ、門田さんの方から「立花さんの本が欲しい」というメールをいただきました。そして、門田さんの住所に本を送らせていただいたのが彼女との出会いでした。

2013年9月7日、NHK津放送局前で行われた「視聴者のみなさまと語る会」では、門田さんはお1人で拡声器を持ってNHK津放送局に向かって街宣されていました。

「立花孝志さんという元NHK職員が週刊文春でこんなことを告発しているではないか。NHKは大丈夫なのか。ちゃんと立花さんの告発を聞いて真っ当な放送局になりなさい」

こう叫んでいました。その様子をニコニコ動画で拝見して、私は本当に嬉しかったです。

NHKから国民を守る党は選挙を松竹梅の3つに分けて戦っていましたが、ある時「梅コースとして当選を目的としない選挙に出てくれる人募集」という主旨の動画を上げたところ、梅選挙立候補の応募と伊賀市政への熱い想いしたためた手紙を門田さんからいただきました。

参院選挙が近づいてから、「政見放送に出ませんか?」「門田さんがNHKをぶっ壊す！とNHKのスタジオでやったら面白いと思うんですよ」「何をやってもいいです」とお電話でお伝えしたところ「出ま～す！」と軽快な返事をいただきました。そして、多くの人の記憶に残るあの政見放送が誕生したのです。政見放送でありながらエンターテインメントとしても非常に優れた動画です。まだご覧になっていない方は「門田節代　政見放送」とYouTubeで検索して見てみてください。

そして、2021年6月現在、門田さんは「女性宮家・女系天皇反対党篤姫会代表」となっています。諸派党構想にも参加していただく予定となっています。

国政政党NHKから国民を守る党の誕生

2019年、参院選挙の結果、比例区において1議席を獲得したことで私、立花孝志は参議院議員として当選させていただきました。

比例での得票数は987,885票であり、得票率は1.97%でした。参院の全国比例は50人が当選する選挙であり、ドント方式であることから1．8％を獲得すれば当選できます。その為、1．97％を獲得した私は国会議員に当選させていただきました。しかし、1．97％では2％を割っているため国政政党としての要件を満たしません。そこで、選挙区選挙の結果が重要となりました。

選挙区選挙におけるNHKから国民を守る党の得票数は、1，521，344票でした。得票率にして、なんと3．02％。これによって得票率が2％を超えたことから、NHKから国民を守る党は国政政党の要件を満たすこととなりました。

日本の憲政史上において新党というのは数多く生まれてきました。しかし、それらは既存の政党が分裂してできたものでした。テレビにほとんど出たことのない無名の人物が「その他の政治団体」を立ち上げ、地方選挙、国政選挙で立ち上がり、国政政党を作り上げた例は過去にはありませんでした。

経営コンサルタント、作家として著名な大前研一さんは政治団体「平成維新の会」を立ち上げ1995年の東京都知事選挙、参議院議員通常選挙に挑戦しましたが国政政党を立ち上げるまでには至りませんでした。

認知科学者の苫米地英人さんは洗脳に詳しい方と記憶されている人も多いのではないでしょ

うか。苫米地さんも政治の世界に挑まれたことがありましたが国政政党を作ってはいません。発明家ドクター中松さんも政治の世界に繰り返し挑んだ方ではありますが国政政党の設立には至りませんでした。

今ご紹介した3名の方は頭脳明晰で各分野で偉大な業績を残された非常に優秀な方です。政治に挑戦した目的や時代的背景が異なってはいましたが、これらの「天才」とも称される方たちが国政政党を発足し得なかったのは歴史的事実です。

大前研一さんの平成維新の会は、国民の期待も集めムーブメントを巻き起こしましたが、それでも政党として国政に参加することはかないませんでした。

それだけ新規参入を阻む強固な壁が存在するのです。

その既得権によって頑丈に作り上げた参入障壁に私、立花孝志が風穴を開けたのです。私は、自分が既得権益の側に回ったからと言ってその穴を塞ぐようなことは致しません。むしろ、その穴をもっともっと大きくしていこうと考え活動をしています。

それが繰り返し述べている「諸派党構想」なのです。

立花孝志が公党の党首となった歴史的意義

2007年5月14日、私は2ちゃんねるに次のように書き込みました。

「私の目指している政治家は今までとはまったく違うタイプの新しい政治家なのです。したがってみなさんが想像しているような方法で政治家になるつもりはありません。

私は歴史に残るような政治家になりたいと考えているのです。私が政治家になる時は、もっともっと日本人の心が病んできた時です。心の病をもっている人が少数派から多数派になった時、私が政治家になる時なのです」

NHKから国民を守る党が参議院議員選挙に勝利し国政政党になる12年前に書かれた文章です。誰もが考え付かなかった方法で私は国会議員になり、テレビなどで知名度を得ていない状態から初め、国政政党を作り上げたことで歴史に残ったと考えています。12年前の予言をもう一度読み返してください。私のような人物が公党を作り上げ代表に収まり続けていることがどういうことなのか。多くの国民の心から健全さが失われつつあるのではないでしょうか。そして、既存の政治勢力ではこの状況を解決できない、と国民が判断したから私のような人物が政治家として登場してきたのではないでしょうか。

「戦争発言」丸山穂高の入党

２０１９年７月29日、衆議院議員の丸山穂高さんが入党しＮＨＫから国民を守る党は国会議員２名を擁する国政政党となりました。

選挙の結果が出る前から入党要請を行っていた国会議員は丸山穂高だけでしたので、それを受け入れていただいたときは、プロ野球のドラフト会議やＦＡで希望選手を獲得した監督のような気持ちでした。率直に嬉しかったことを覚えています。

彼とは次のことを入党に当たって約束しました。

「ＮＨＫ問題で共闘する」「ＮＨＫ問題以外の活動は、それぞれの発言、活動、採決の自由を認める」「党務は出られる時に出ればよい」「丸山穂高は毎期全力を尽くす。次期総選挙で立候補するか否かについては解散となった時点の状況を鑑みて検討する」

兎に角自由を重んじる党でありたいのです。そして、自由な国にしたいのです。

一方、ＮＨＫは自由を認めずに「受信料を払ってくれ」と強要しているのが嫌なのです。

丸山穂高さんと言えば北方領土での「戦争発言」です。彼は、違法行為を何一つしていません。質問をし、問題提起をしただけです。国会議員というのはタブーなく議論すべき存在だと私は考えています。しかし、丸山さんは日本憲政史上初の糾弾決議を受け、また、議員辞職勧告という話もありました。彼の発言より、その後の国会の対応こそが問題だと私は考えています。

議員が議員に対して辞めろということは、三権分立の観点からとても危険なことだと考えています。多数の会派、政党が少数の議員をいじめて辞職に追い込むことは、法律上は認められていません。一定以上の罪を犯したときには国会議員を辞めなければならない、という決まりはあります。繰り返しますが丸山穂高さんは犯罪をしたわけではありません。それを超えて多数派が少数派の議員を辞めさせようとするのは国会議員の劣化だと思っています。

この一件があったからこそ私は丸山議員に入党を要請したのです。つまり、糾弾決議を出されても国会議員を辞めずに続けていた丸山穂高さんの考え、精神力を高く評価させていただいたということです。

丸山穂高さんには2019年8月15日付で副党首に就任していただいています。

国会議員5人の目標

私はNHKから国民を守る党を国会議員が5人以上いる政党にしたいと考えていましたし、今もその目標は変わっていません。それは、NHKや民放が討論番組に招聘する基準として国政選挙での2%以上の得票と国会議員5人以上という基準を設けているからです。ただ、ここに強いこだわりがあるわけではありません。

会派「みんなの党」結成

国会議員5人の目標がありましたので、参議院議員の渡辺喜美さんにも入党要請をしましたが、会派を結成するということになり、丸山穂高さんの入党会見の翌日に、また記者会見をさせていただきました。

前述のように、私自身が政治団体を立ち上げる前に、渡辺喜美さんのお力になりたいと考えていた時期もありましたので、国会議員となり国政政党を立ち上げることで渡辺喜美さんと面談し、会派を結成することができた、ということが非常に嬉しかったです。

そもそも国会議員一人では委員会に所属し質問することもできません。会派を組むことで質問権を得たことは党として大きな前進でした。

ホリエモンとの出会い

参院選に当選し国会議員となり、また国政政党の党首となって今まで会うことができなかったような人にも会えるようになりました。その中の1人がホリエモンこと堀江貴文さんです。

堀江さんのことは2004年6月頃から注目していました。当時、堀江さんは近鉄バファローズを買いに行っていたのです。私は前述の通り、NHKスポーツ報道センターの200億円ほどの年間予算を事実上決算し、海老沢さんが「阪神タイガースを買ってNHKタイガースにしたい」と言った時には、その交渉に当たるような立場にありました。

球団オーナーや経営陣と交渉していたのは阪神タイガースだけではありません。

福岡ダイエーホークス代表取締役社長の高塚猛さんとは非常によく話をしていました。高塚さんは、「うちのダイエーホークスはこうこう、こういう戦略です。ですからNHKさん、これは1億5千万円の価値があります」という感じの交渉をホテルシーガイヤのスウィートルームで私を相手にしていました。それ相応のコーヒーもちゃんと出てきました。

一方、阪神タイガース球団社長、野崎勝義さんからは「立花さん、もうちょっとなんとかなりませんかねえ」という感じの話を、ライトスタンドの下に球団事務所があって、おばちゃんが普通のお茶をガーッって持ってきて、そういう環境で「立花さん、これなんとか、なんとか年間15億円とか無理ですかね」「野崎さん、それは流石に無理ですわ」という感じの放送権料の交渉をしていました。

上司のところには巨人の原辰徳監督から直接電話が来ていました。そんな環境にいましたので、当然、堀江貴文さんの近鉄バファローズ買収の件は話題になっていました。

「堀江貴文はまともなことを言っている。でも、あんなことをしたら潰される」「楽天イーグルスを堀江みたいなやつに誰が渡すかよ」そんなことがNHK内部では言われていました。

そういうことを聞きながら私は「堀江さんが言っていることは正しい」と思っていました。そして、フジテレビに手を出した瞬間に「危険なことをしているなあ」と感じていました。

渡辺恒雄さんの「許さん」という発言が、海老沢さんへ伝わり、それが私の上司に伝わり、私の耳に入るという環境でもありました。

ＮＨＫ紅白歌合戦チーフプロデューサーの横領事件が週刊文春に報じられたのが２００４年7月でしたので、ちょうど私が試練に突入する頃と堀江さんが世間を騒がせていた時期が重なっていました。

そして内部告発の結果、私がＮＨＫを退職したのが２００５年7月でした。その翌月、堀江さんは郵政解散の後の総選挙に無所属で出馬し、政界の超大物亀井静香さんと広島６区で選挙戦を戦っていたのです。

当時から私は雑誌の記者などに「いずれホリエモンと一緒に日本を変えることをするんだ」と言っていました。そして15年経ってやっと堀江さんと会って話をする機会を得たのです。

堀江さんとの初対面は堀江さんのＹｏｕＴｕｂｅチャンネルでの対談でした。

堀江さんと僕の対談は異例の90分に及び、ホリエモンチャンネルにＰａｒｔ１からＰａｒｔ3に分けてアップロードされました。普段私は一般の方にも分かりやすいようになるべく専門用語は使わないようにしています。しかし、この対談の時は堀江さんと関係を構築することを目的としていたため、視聴者の方には申し訳ありませんでしたが、専門的な話を堀江さんとじっくりさせていただきました。その結果、私は堀江さんの信頼を得ることができたと感じています。なぜならば堀江さんの秘書を預かることになったからです。

ちなみに、その対談動画はＹｏｕＴｕｂｅの急上昇ランキングで1位になりました。

ホリエモン秘書を預かる

堀江さんとの初対談の最後に堀江さんから「紹介したい人物がいます」と言って紹介されたのが、齊藤健一郎さんです。彼は元々兵庫県の西宮でカフェを経営していて、そこは関西では芸能人も集まるところだったそうです。そして、ある日堀江さんと知り合って、「僕は政治家になりたいので堀江さんの運転手をさせてください」と申し出てきたとのことでした。

普通、政治家志望の人は秘書になるなどをして政治の世界に入るので、「なんぜ俺のところ?」と堀江さんは不思議に思ったそうです。しかし、彼は「堀江さんの隣にいたほうが政治家の人に沢山会えると思ったから」と説明したそうです。実際、彼は堀江さんに随行して首相官邸に行ったり堀江さんと大臣との会食にも何度か同席したりしているとのことでした。

その齊藤さんを私の党で公認して政治家にしてくれないか、と言うことでした。ただ、先ほども述べましたように、私は国会議員の候補者は法律を作る能力を備えていることを要件としているため、そこを確認したところ、法学部卒だと言うことでしたので預かることにしました。

ホリエモンをもう一度政治の世界に

2019年9月の中旬に堀江貴文さんと初対談をし、その2、3週間後の10月1日に堀江さん主催の「堀江貴文ゴルフコンペ」に参加しました。

堀江さんと話ができるチャンスでしたので参加しましたが、当時は正直言ってゴルフは嫌いでした。NHK時代に仕事でやらざるを得なくてゴルフはしていましたが、賭けの馬券を作らなくてはなりませんでしたし、おじさん連中がゴルフとなるとやたらと張り切るので、うっとうしく思っていました。

ゴルフクラブセットも持っていなかったのでYahooオークションで、1万円で落札し、ゴルフ用の服も持っていないのでいつも通りのワイシャツにスーツのズボンで行ったら初っ端から堀江さんに「あれ!?」といじられました。

ＮＨＫを辞めてからは船橋市議会のゴルフコンペに1度参加しただけという状況だったことを話したら、堀江さんから政治の話題にのってきてくれました。

堀江さんが主宰しているオンラインサロン「堀江貴文イノベーション大学校（以下、ＨＩＵ）」のメンバーで何人か政治に興味があり、選挙に出たいという人がいる、という話でした。プレーの合間にこういう話ができることがゴルフの良いところです。水泳でしたら隣のレーンで泳いでいる人と話はできませんし、ボーリングはカッコン、カッコン結構うるさいので話しにくいのです。ゴルフは、そこにいるメンバー以外に話の内容を聞かれる心配もありません。

その際堀江さんには、

「堀江さん自身が『当選しても議員はしない』と公言して選挙に出て、『当選後に議員を辞めて部下を繰り上げ当選させるために立候補しました』と言えば裏切り行為にならずに、ＨＩＵのメンバーを政治の世界に送り込むことができます」

と提案しました。さらに、

「私は政治に限らずやるべきことが沢山あるので、政治の世界には私の政策を忠実に実行に移す自分の部下を送り込みます。みなさんご協力お願いします、と選挙で言えば良いんですよ」

と説明しました。堀江さんには、

「スゲー。頭いい」

と言っていただけました。

「これは僕に限らず他の人でもできますよね」と堀江さんから質問をいただきましたが、これをやれる人間は日本で10人、いや5人もいないのではないかと考えています。堀江さんはそれほど知名度、影響力のある人なのです。

堀江貴文さんは非常に頭の切れる方で、道徳心もしっかりした方です。2016年1月に証取法違反容疑で逮捕されましたが、逮捕されて刑務所に行かなければならないような罪だったのでしょうか。その点に関して私は、一貫して疑問を抱き続けています。

堀江さんはあの事件に関して不正はしていないと否認しつづけたことによって、約90日間の拘束と懲役刑ということになりました。いわゆる「出る杭は打たれる」の状況だったと理解しています。

私は日本社会、日本の政治を改革するために堀江貴文という人物は必須の人材だと考えています。彼の能力からすれば、一実業家としてその一生を終えるのは非常にもったいないことだと思います。彼自身が国会議員を長期にやる必要はありませんが、まず彼が選挙に出ることによって政治に興味のない人の関心も集めることができます。そして、政治は大臣になってするもので、大臣は民間人でもなることができます。堀江さんが政治手腕を発揮して日本を変えてくれることを国民は歓迎すると思っています。

政治と選挙の分離　浜田聡の繰り上げ当選

「自分自身が選挙に出て当選し、国会議員となった後、辞職して部下を繰り上げ当選させる」このアイデアを堀江さんに提案したところ関心を持ってもらえましたので実行に移して証明しました。10月1日にその提案をして、10月10日に参議院埼玉県選出議員補欠選挙に立候補したことにより、参議院議員を自動失職しました。その結果、10月23日、ＮＨＫから国民を守る党の浜田聡さんが参議院議員に繰り上げ当選となりました。

浜田さんは過去に4回、ＮＨＫから国民を守る党公認として選挙を戦いましたがいずれも惨敗でした。彼には派手さがないため選挙に強いタイプの人間ではありません。しかし、東京大学教育学部卒業後、東大大学院に進み、更に京都大学医学部を受験して医師となったことからも分かるように非常に頭脳明晰な人物です。性格も真面目で堅実で国会議員としての仕事も立派にこなしています。浜田さんのことを嫌った人物を私は一人しか知りません。

彼はブログ、ＹｏｕＴｕｂｅの更新を毎日しています。彼の国会議員としての活動はそれらＳＮＳを見ることで確認することができます。是非、一度覗いてみてください。

ホリエモン新党立上と都知事選

ホリエモン秘書こと齊藤健一郎さんを会計責任者として２０２０年5月25日、ホリエモン新党を立ち上げました。代表は私、立花孝志です。この党は、堀江貴文さんの主義、主張、政策を実現することを目的としています。この党の設立と「ホリエモン」の名前を使うことに関して堀江さんから許可されてはいませんが、拒否をされてもいません。「ホリエモン」という言葉は商標登録されていますが、未だに「ホリエモン新党」と名乗ることができているのは、堀江さんから拒否をされていないなによりの証拠です。

２０２０年の東京都知事選挙の選挙ポスターにも堀江さんの顔写真を使用させていただきま

したが、本人との間ではトラブルになっていません。

堀江政経塾 開塾

地動説を唱えたコペルニクスやアメリカ大陸を発見したコロンブスも最初はキチガイと言われていたそうです。天動説の間違いがわかった時、またアメリカ大陸が発見された時、彼らは偉大な成功者と一般人に言われるようになったのです。

常識にとらわれず、しっかりとした正しい理論や理屈により将来を見極める事ができる人間が真の成功者なのです。成功者はたくさんの一般人の中に数人しかいません。そして成功者は、結果が出るまでは一般人にはキチガイとか変わり者と呼ばれるのです。しかし成功者同士では結果が出る前からお互いの事が理解しあえるものなのです。

私と堀江さんとはそのような関係だと、私は感じています。

ホリエモン新党を運営母体、塾長をホリエモン秘書こと齊藤健一郎さんに据えて堀江政経塾を立ち上げました。

堀江政経塾は従来の「常識」の枠を超え、型破りでワクワクするような政治参加の機会を提供することを目的とする政経系オンラインサロンです。塾生は、塾党員とネット党員に分かれていて、塾党員は月一度の定例会に現地参加することが可能です。

堀江貴文さんは、堀江政経塾の運営には関与していませんが、毎月の定例会に外部講師として参加し1時間のレクチャーをしてくれています。私、立花孝志も講義しています。その他、政界、経済界の著名人を招いての特別講演もあります。

この塾の中で堀江さんと私のアイデアがぶつかり合い、化学反応を起こして新たなアイデアが誕生してきています。その一つの形となったのがこの後詳しく説明をする「諸派党構想」です。

現代のコンピューター付きブルドーザー

「コンピューター付きブルドーザー」というのは田中角栄元総理大臣の異名です。数字に強く頭の回転が速かったことからコンピューターに例えられ、また、一度立てた目標は徹底的にやり抜く実行力はブルドーザーを連想させたことから、田中角栄さんはそう呼ばれていたと理解しています。

ＹｏｕＴｕｂｅに「アシタノワダイ」というチャンネルがあります。登録者数は非公開になっていますが、43万人の登録者数がいる私のＹｏｕＴｕｂｅ動画よりもはるかに再生されていることから、かなりの登録者数がいることが推測されます。

そのアシタノワダイさんの動画内で私は「現代のコンピューター付きブルドーザー」と紹介されたのです。歴代総理の中で人気ナンバーワンと言われている田中角栄さんと重ね合わせることでおこがましいと感じる人もいると思いますが、私はこのキャッチコピーが気に入っています。

そして、私の半生をご紹介させていただきましたように、ＮＨＫ時代は経理規定を熟知し高卒の身でありながら会長の側近にまで上り詰めることができました。ＮＨＫ退職後は、計算能力を発揮し日本一のパチプロとして生計を立ててきました。そして、日本全国８００の選挙区のデータをエクセルに入力して分析をし、ＮＨＫから国民を守る党の地方議員を量産し、私自身は参議院議員となり、ＮＨＫから国民を守る党を国政政党にまでのし上げることに成功しました。

そして、「NHK改革」「ホリエモンと日本を変える」「選挙制度の不公平の解消」という目標を立て、それをやり通していることもご理解いただけたかと思います。

私、立花孝志が「現代のコンピューター付きブルドーザー」と呼ばれても決して実体とかけ離れた呼称ではないと思っています。

そのマイ・コンピューターを駆使して発明した、政権奪取すら可能にする「諸派党構想」をいよいよ次章からご説明させていただきます。

拍手をもってお迎えください。パチパチパチパチパチパチパチパチパチパチパチパチ。

第五章

諸派党構想

諸派党構想で政権を奪取する

次の次の総選挙で諸派党構想グループは政権を奪取します。未来は不確実なものですが、遅くとも次の次の次の総選挙では政権を取れると確信しています。

こういうとキチガイと思われるかもしれません。

私が党首をしているNHKと裁判してる党弁護士法72条違反で（旧NHKから国民を守る党）は2021年6月現在で衆議院議員1名、参議院議員1名の計2名しか国会議員がいない少数政党です。世論調査での政党支持率も1％を割ることが少なくありません。地方議員選挙でも連敗が続いています。この状況で「政権を奪取する」と予告したらキチガイと呼ばれても無理のないことだと思います。

しかし、キチガイは私にとっては誉め言葉です。キチガイと言われる人間が世の中を大きく変えてきた歴史があります。

大うつけと呼ばれた織田信長、地動説を唱えたコペルニクス、アメリカ大陸を発見したコロンブスなど、偉大な成功者はみんな結果を出すまでは、まわりの人からキチガイとかペテン師と呼ばれていました。

今までご覧いただいたように私には高卒でNHKに入り、報道局や編成局という組織の中枢に抜擢され、会長御前会議で発言するほどの能力がありました。

またNHK退職後もパチプロ組織を結成し、年間3千万円もの利益をあげていました。過去の代理人が付いていなかった頃の裁判の訴状や答弁書を閲覧してみてください。手前味噌になりますが、法律の素人にしてはなかなか立派な内容ではないでしょうか。

YouTubeの威力にいち早く気付いて活用し、テレビに出ることなく選挙に当選し、国会議員となって国政政党を立ち上げることに成功しました。

私が「政権奪取する」と言っているのは伊達や酔狂ではありません。本気で言っています。では、いよいよ、その政権奪取の秘策（公開しているので秘策ではありませんが、知られていないという意味で）諸派党構想とはどのようなものなのかを説明させていただきます。

合理的な少数派を集結する

「普通」とは多数派の意見という意味で、必ずしも普通が正しいということではありません。

少数派は、メチャクチャ優れているかメチャクチャバカのどちらかです。
そのメチャクチャ優れている少数派を結集して政権を取りに行くのが諸派党構想です。「合理的な少数派」か「メチャクチャ優れている少数派」か否かは有権者の投票によって審判が下されていくものだと考えています。

やりたいことをやろう

「やりたい事」だけしていても生きていけます。実際に私は「やりたい事」だけして毎日生活しています。直接的には「しなければならない事」であっても、「やりたい事」を実現する為に行なう行動は「やりたい事」なのです。

例えば、イチロー選手の場合は「野球」が「したい事」になります。「野球」といっても、試合をするだけではなく、苦しい練習も野球をすることですよね。イチロー選手にとって、練習はしんどい事だけど、「しなければいけない事」とは思っていなかったはずです。チームの勝利の為、また自分自身もっともっと野球がうまくなりたい、と思いながら苦しい練習をしていたはずです。すなわち、目標達成の為の「しなければならない事」は、本当は「したい事」なのです。

イチロー選手だけではなく、ボクシングの亀田兄弟、マラソンの高橋尚子さんなどなど一流のスポーツ選手はみんな苦しい練習を「しなければならない事」なんて考えていません。スポーツ選手だけではありません、司法試験パスを目指す学生が法律の勉強をする事、英語通訳の仕事がしたい人の英語の勉強、ゲームソフト開発の仕事がしたい人がゲームする事。

私が伝えたいのは、「やりたい事」とは、自分が好きな事なのです。他人から見ればしんどい事でも、好きな事における目標達成の為のプロセスの一つなら、「しんどい事」つまり他人から見たら「しなければならない事」のように見える事であっても、当人にとっては「やりたい事」になり、多少しんどくてもがんばる事ができるのです。

私のようにパチンコが好きならパチプロになればいい。野球が好きなら、プロ野球選手になればいい。ゲームが好きならゲームソフト開発者になればいい。マンガが好きならマンガ家になればいい。

「夢を現実にできるのは能力をもって生まれてきた一握りの人」と考えている人は夢を現実のものにする事はできません。たしかに野球が好きな人は、プロ野球選手より多くいてみんながプロ野球選手にはなれません。しかし野球が好きなら、プロ野球選手になる以外にも野球関係の仕事をして生活していく方法はいくらでもあるのです。野球のようなスポーツだけではありません。ゲーム・将棋・テレビ・パソコン・プラモデルあなたの好きな事を追求していけば必ず仕事にできるのです。

「仕事はしんどいのがあたりまえ」という考えの人が圧倒的に多いです。しかし一流の人は「仕事は楽しい」と思っているのです。

そのように「仕事が楽しい」と思っている人たちに、その1点に掛ける情熱を政治の分野に活かしてみませんか、というのが諸派党構想です。政治はあらゆる国民生活に関連するものであるべきです。あなたの「好き」にも解決されることを待っている問題があるはずです。

何でも知っている、何でもできるという万能型の人間よりも、今は特化した能力が求められる時代です。他のことは分からないが、この点に関しては他の誰にも負けない、という強みを持っている人は今社会から求められています。

あなたの関心毎がマイナーで同好者が有権者の0．1％としかいなかったとしても、今はインターネットで全国の同好者と繋がることができます。0．1％もいれば1億人いる日本では10万人の同好者がいることになります。ブームに左右されやすい浮動票の100万票よりも強固な支持の10万票の方が、価値があると私は思っています。今は支持者の数よりも質の時代です。多数の人に嫌われることを恐れて生きていくよりも、ごくごく少数の賛同者と真の仲間になる生き方が、これからの主流になると僕は確信しています。

その中で、政治で解決できる問題ならば、単一争点で戦う人たちに政治参加して欲しいと思っています。それを可能にするのが諸派党構想です。

「選挙に出て訴えたくてもお金がない問題」

ＮＨＫ問題1点を訴えて国政政党の党首となった私ですが、携帯電話番号を公開していることもあって日々、様々な相談が寄せられてきます。

例えば「子どもを連れ去られて困っている」ですとか「ＬＧＢＴの問題」であるとか「煙草を自由に吸えない愛煙家の問題」「犬とか猫とかの問題」「集団ストーカー被害」「生理休暇の取得の難しさ」「選択的夫婦別姓問題」「ＤＶ被害問題」など実はありとあらゆる政治の課題や要望、意見が行き場を求めて彷徨っています。

それらの問題に対して当事者意識があるなど思い入れの強い人がワンイッシューの政治団体を立ち上げれば、すぐに問題解決ができないにしても相談できる受け皿は誕生するわけです。私が、ＮＨＫ問題の相談を受け続けているように。

私のところに寄せられてくる問題を拝聴していると、それらひとつひとつが大変深刻な問題であることが分かるのです。そこで、

「選挙に出て訴えませんか。問題解決するためには、まず問題の存在を多くの人に知っても

らうことが必要になります。そのために選挙に出て訴えるのです」

と提案させていただいています。しかし、

「そんなお金はありません」

と言われるわけです。「あっ、そうか」と思い、

「選挙はお金かからないですよ」とお伝えします。でも、

「いやいやいやいや、そんなはずはない」となるんです。

確かに、国政選挙は出るだけでも供託金300万円くらいかかります。そして、立候補して世間に問題を訴えたとしても、金銭的戻り、リターンがありません。当選すれば議員報酬という形でお金は戻ってきますが、落選して供託金没収点を越えなければ、供託金は没収されてしまいます。

そこで、金銭的なリターンが得られるようにしたのが「諸派党構想」です。

金銭的リターンが得られる諸派党構想

国政政党ではない、いわゆる「その他の政治団体」の方が、私の党を介して立候補した場合、得票数に応じてその政治団体にお金を寄付いたします。

これが私の諸派党構想の特徴の第1点目です。

通常、「その他の政治団体」が国政選挙に立候補して票を得ても、お金＝政党助成金を貰うことができません。

しかし、**私の党（旧称ＮＨＫから国民を守る党）**は国政政党であるため、総選挙と参議院議員通常選挙に候補者を立てて票を得た場合、得票に応じた政党助成金を国庫からいただくことができます。参議院議員通常選挙の1票は約２５０円、総選挙の1票はだいたい２００円になります（５年に一度の国勢調査でこの数字は変わります）。

例えば、「女性が輝く党」代表の本間あきこさんが直接立候補しても政党助成金を貰うことはできません。しかし、私の党が間に入って「公認」と印を押した書類を選挙管理委員会に提出すれば、「女性が輝く党」は国政政党の扱いになるのです。

つまり、国政政党公認の「女性が輝く党代表の本間あきこ」となります。諸派党構想の場合、落選しても党本部から得票に応じた金額を、その政治団体に寄付致します。立候補者が男性の場合は、本部運営費として30％を差し引かせていただきますが、女性の政界進出を促進するため、女性が立候補された場合は全額お支払いいたします。

つまり、女性立候補者の場合、1票250円として12，500票を選挙で獲得すれば、3，125，000円となり300万円の供託金を上回ることになります。

お金を掛けずに選挙に出て自分の政治信条を訴えられる上に、125，000円プラスになる計算になります。その額は得票が多ければ多いほど大きくなります。そのお金は活動費として活用することができます。

お金を掛けずに選挙に出ることができるだけでなく、活動費を得ることができるとなれば、国政選挙に挑戦する政治団体が増えると思いませんか。そして、そのようなワンイッシューを掲げる政治団体が50、100（混乱を予防するため20くらいに制限する可能性はあります）となれば、投票したい、応援したいと思える、つまり投票したいと思える候補者が一人は見つかるのではないでしょうか。つまり、現在、有権者の約半分の人が投票に行っていませんが、それらの人が選挙に行くようになれば、政治の世界は大きく変わるのです。政権奪取が現実味を帯びてきたと思いませんか。

ちなみに、２０１９年の参院選挙の選挙区選挙でＮＨＫから国民を守る党の中で最も得票数が少なかったのが沖縄選挙区でした。そこでの得票数が、１１，６６２票でした。最も得票数が多かったのが東京選挙区から立候補した大橋昌信さんです。彼は、１２９，６２８票を獲得しました。彼は当選しませんでしたが、得た票をお金に換算すると６年間で３２，４９７，０００円となるのです。３千万円ですよ。彼が党の財政運営上多大なる貢献をしていると前述したのは、このことなのです。

そして、現つばさの党は、２０１９年の参院選ではオリーブの木という党名で選挙に出ました。比例代表で16万７千票を得ているのです。それだけの有権者がオリーブの木に投票したのです。しかし、オリーブの木からは当選者は出ず、国政政党でないため、政党助成金を貰うこともできなかったため、約16万７千万票が死票になってしまったのです。

しかし、国政政党であれば、当選者が出なかったとしても、得票数に応じて政党助成金を貰うことができます。死票にとならず、あなたの一票が生きるのです。

「オリーブの木」改め「つばさの党」は、黒川敦彦さん率いる中央銀行制度改革を訴える政治団体です。この党も諸派党構想に参加することが決まっています。次の参議院議員通常選挙で前回と同じく約16万７千万票を得ることができれば、６年間で約４千２００万円×０．７が入るのです。

「選挙でお金儲け」というと眉をひそめる人がいます。しかし、現在のルールの中で認められている制度なのです。そして、活動を継続するためにはお金が必要であることは政党の幹部や企業の経営者であれば切実に感じているはずです。その大切なお金が現在の選挙制度では国政政党に有利な形で国庫から支払われています。合法的な不平等が存在しているのです。これを、「その他の政治団体」にも不公平のないようにしたのが、私が発明した諸派党構想なのです。眉間の皺を緩めてみんなが笑顔になれるアイデアだとは思いませんか。既得権者を除いてですが。

このアイデアによって、各政治団体は個人献金、企業献金を受けずに活動することが可能になります。元々、政党助成制度というのは、献金に依存せず政治ができるようにするためにできたものです。

これは国政政党だけが享受するものではなく、地域政党も享受するべきものだと私は考えています。そこに差をつける合理的な理由などあるのでしょうか。

政治団体の設立

「その他の政治団体の方が、私の党を介して立候補した場合、得票数に応じてその政治団体にお金を寄付する」

それが諸派党構想の特徴だと説明しました。いままで政治に関わりのなかった人にとっては馴染みのない話だとは思いますが、「政治団体」は簡単に作ることが可能です。「設立届」「規約（会則・綱領等）」「収支報告書」この三つの書類を選挙管理委員会に提出すればその日のうちに設立することが可能です。

代表者と会計責任者の2人の登録が必要です。会社の設立と異なり、政治団体の設立には登録料、手数料、税金などの費用は掛かりません。その上、政治団体は、税制上優遇されています。

1人の人がいくつもの政治団体を作ることも可能です。堀江政経塾塾生の長谷川 洋平さんは炭を全国でつくる党（炭国党）と日本の玄米をおいしく食べる党（日米党）の2つを同日に設立しました。

党名は国政政党と似通った名称は登録できません。

非常に簡単で、メリットも多い政治団体の設立ですが、とは言え、やったことのない人にとっては色々と不安もあると思います。そのような方は、ネット選挙株式会社に相談いただければアドバイスすることもできます。また、堀江政経塾に参加すれば横のつながりで情報も入手しやすくなると思います。

世界一高い？　日本の供託金

日本では衆議院、参議院ともに選挙区選挙に出る場合、立候補するだけで３００万円の供託金が必要となります。比例代表に出る場合は、６００万円が必要です。

一方、アメリカ、フランス、イタリア、ドイツなど世界の先進国には供託金みたいなものはありません。イギリスには供託金制度のようなものはありますが9万円程度です。

参議院で比例代表選挙を戦うためには、その政党、政治団体から最低10人立候補しなくてはなりません。法律で決まっています。このために供託金は最低でも3，３００万円が必要です。具体的に言いますと、選挙区（３００万円）で9人立候補し、比例代表（６００万円）で一人が立候補することで、合計3，300万円の供託金が必要と言うことになります。
つまり3300万円が無いと参院選挙で比例代表選挙を戦うこともできないのです。

そして、総選挙の比例代表選挙を全国で戦おうとした場合、国政政党でないその他の政治団体は最低で2億4，600万円の供託金が必要となります。

衆議院選挙の比例ブロックは11ブロックありまして、その11ブロックそれぞれで定数というものが決まっています。その定数の2割以上の候補者を立候補させないと国政政党ではない政治団体は全国比例選挙を戦うことができないという構造になっています。

具体的には、41名の候補者を立て、それぞれの供託金が600万円必要ということです。

しかし、国政政党の場合、11ブロックに最低1人ずつ立候補させるだけで、全国で比例選挙を戦うことができます。この場合でも6600万円の供託金が必要となりますが、その他の政治団体が2億4，600万円の供託金が必要だということと比較しますとかなり優遇されています。

そして、**諸派党構想に参加すれば、600万円の供託金で比例選挙に挑戦することができます。**（衆議院の場合、北海道、東北、北陸信越、中国、四国ブロックのみ）これが諸派党構想の特徴です。

11ブロックの謎

衆議院の比例は日本全国を11のブロックに分割していると説明しました。では、そもそもどうして11のブロックに分かれているのでしょうか。その合理的な理由を説明できる人はいないと思います。

参議院は比例代表を、全国を1ブロックとして選びます。では、どうして衆議院は11のブロックに分けるのでしょうか。衆議院の比例代表では176人が当選します。参議院は50人です。もし、衆議院の比例選挙を全国1ブロックで実施したらどうなるでしょうか。つまり、176番目の人まで当選する、となると、0．56％の得票で当選することになります。

具体的な例で見てみましょう。前回の幸福実現党は、全国で292，000票を獲得しています。だいたい0．5％獲得していますので、ドント方式で行きますと、当選するか落選するかのギリギリのところになります。0．5％と言いますと、200人に1人の割合になります。

だいたい投票率は50％ですので、４００人に1人が幸福実現党に投票すると当選する、ということになります。

このように少数の声が国政に反映しないようにするために、わざわざ11のブロックに分けている、というのが本音のところだと私は考えています。

これが今の選挙制度が合法的な差別、不正選挙だと私が考える理由です。

民主主義というのは少数派の権利を尊重し保護することが原則です。少数の意見を弾圧するのは全体主義です。

今の日本の選挙制度は選挙の平等を害する制度なのです。

供託金没収ライン

衆議院の小選挙区の場合、総投票数の10％の得票がなければ供託金は没収となります。総投票数の10％というのはだいたい2万票程度となります。これは新興勢力にとってはかなり厳しい基準です。

政見放送

高い供託金を払って総選挙に出ても、諸派扱いされるその他の政治団体の候補者は政見放送で話をすることもできません。これを差別と言わず何を差別と言うのでしょうか。なぜ、国政政党でなければ政見放送で話をすることができないのでしょうか。新興勢力、少数派を締め出しているとしか考えられません。合理的な理由なく区別することを差別と言います。

しかし、諸派党構想に参加していただければ、公党としてのメリットを享受することができます。**政見放送も可能になります。**ただし、立候補する選挙区や事情によっては政見放送が無い場合もあります。

傘下の政治団体の活動をサポート

諸派党構想に参加していただいた場合、我が党の政策調査会長浜田参議院議員が持つ議員特

権の一部を活用して参加政治団体の活動をサポートします。これも諸派党構想の特徴の一つです。具体的には「参議院調査室への調査依頼」「国会図書館への調査依頼」を利用することが可能です。さらに、浜田議員を通じて各官庁、省庁（国会連絡室）への意見伝達等も可能です。

さらにさらに、浜田議員の「質問主意書提出権」を活用し、内閣へ質問を提出することもできます。

まだあります。私の党には電話回線5本を引いたコールセンターがあります。年末年始の数日を除いて土日祝休みなしで朝9時から夜の11時まで営業しています。電話番号03―3696―0750です。こちらで連絡を受けて各政治団体へ電話を取次ぐことも可能です。

少数の声を大事にする

日本は二大政党制を目指してきたため、極端に言えば、少数の意見が虐げられてきました。いままで切り捨てられてきた少数派や少数意見をまとめて一つの形にして、個々の課題に対処していこう、ということが諸派党構想です。

その為にそれぞれの専門家を集めるのです。それを一つの党に組み込むのではなく、それぞれの党は独立を維持します。私の党は、それを束ねるだけです。

参加してくれる人からお金を貰わない、という点も諸派党構想の特徴になります。

立花孝志は立候補しない　が、するかもしれない

ＮＨＫから国民を守る党は1政治団体として国政政党の傘下に入ります。そして私はそこの代表となって政治をします。そして、ＮＨＫ問題が解決したら私は政界から引退します。

そして、諸派党構想で国会議員が5人か10人ほど誕生し、組織として機能しだしたら私は国政政党代表の座からも退きます。私がいる限り立花党と思われ続けるでしょう。しかし、私は私利私欲のためにやっているわけではありませんので、複数名の国会議員が誕生し運営が軌道に乗り出しましたら、民主的な方法で代表を決めて貰うのが良いと思っています。

得票数の多い人が代表になる、というのも一つの方法だと考えています。

それら色々な事情を勘案して私は今後選挙に出ることはありません。この諸派党構想は私立

花が国会議員に返り咲くための手段ではりません。

ただ、私が出ることで全体の得票が増えると見込まれる場合、それが必要だと判断した場合は、立候補を検討するかもしれません。それは、2%の票を得て国政政党の立場を維持しNHKの被害者をお守りし続けるために必要だからです。

90%の国会議員はNHKのスクランブル放送に反対している

自由民主党、公明党、立憲民主党、国民民主党、社会民主党、この5つの政党の国会での会派別所属議員数は2021年6月現在で、630名であり、707人（3名欠員）の全国会議員の89%を占めています。その9割の国会議員がNHKのスクランブル放送に反対しています。今のままで良いと判断しているのです。これを変えていくにはどうしても時間がかかります。力ずくで変えるのではなく、民主的な手続きを踏んで世の中を変えていこうとすれば時間が掛るのはやむを得ません。

しかし、今のＮＨＫ受信料制度が続く限り問題は発生し続けます。ＮＨＫに受信料を支払わなければ、確率的には低いのですが、裁判になる場合があります。私のところには「ＮＨＫに訴えられました」という連絡が毎月20件程度入ります。

この相談を受けて、私の党は対応させていただいています。これに費用が掛かるのです。

ＮＨＫから国民を守る党が訴えてきたこと

私たちは、何年にも渡って、何度も繰り返し次のことを訴えてきました。

「放送受信契約をＮＨＫと締結することは法律上の義務ですので、契約はしましょう。しかし、受信料を支払うことは法律上の義務ではありません。契約して不払いをすれば、時効5年を援用することができます。ＮＨＫから裁判に掛けられなければ受信料を払わなくてよいです」と。

そして、ＮＨＫから訴えられた人がいた場合、その裁判の費用や裁判に負けた時の受信料の支払いもＮＫＨ党で実質行っています。

これの活動を継続するためにはどうしてもお金が必要なのです。コールセンターの運営にも勿論お金が掛かります。

だからどうしても国政選挙で2％以上の票を得て、国政政党の地位を維持したいのです。

選挙にお金と時間を使わない

私たちは選挙にお金を使いません。政治活動用のポスターを貼っていないことから「真面目にやっていない」とお叱りを受けることがありますが、ポスターを作成し貼るのにもお金がかかります。選挙に無駄なお金を使うから政治が汚れるのだと考えています。

そして、政治家は選挙に時間を使ってもいけないとも考えています。法律を作るのが政治家の仕事ですから、その為の勉強の時間がどうしても必要になります。

それが選挙に力を入れて、朝眠くても駅前に立ったり、夏は盆踊りとかに行ったりしていると、勉強する時間が無くなります。

国民の皆さんには、自分たちの集まりに来てくれた政治家には票を入れる、というような今までの慣習を改めて欲しいと思っています。

ＹｏｕＴｕｂｅ上で自分の政治信条や政策を説明し、情報発信している政治家の動画を見て、投票する政治家を選択するようにしていただきたいのです。

有権者との触れ合いは大切だとは思います。しかし、小選挙区制に移行してからは、それに多くの時間を使っている政治家が多過ぎます。小選挙区制が必ずしも悪いとは私は考えてはいませんが、選挙区が小さくなればなるほど、メロンやカニや現金の力が大きくなることは理解して欲しいと思います。

諸派党構想加入要件

諸派党構想に参加する政治団体の要件は次のものになります。

１、政策が相反しないこと

例えば、愛煙党を立ち上げた小林宏さんが先に参加を表明しているので、嫌煙家の立場の党は参入することはお断りしています。

2、インターネットでの情報発信ができない

私たちはお金を掛けない選挙をするためインターネットを活用しています。Ｔｗｉｔｔｅｒのアカウントが削除されるような人は、色々と差しさわりがあるので、こちらもお断りさせていただきます。

3、ＮＨＫのスクランブル放送の実現に賛成すること

プラットフォームとなる旧称ＮＨＫから国民を守る党はＮＨＫのスクランブル放送化を公約にして国政政党となった党です。そのため、この1点に関しては、同意していただきたいと考えています。ある世論調査では80％を超える人がＮＨＫのスクランブル放送に賛成と言う調査結果が出ていますので、この点はあまり問題にならないと考えています。

そして、諸派党構想に参加した各党の政策に対しては、それぞれが応援する必要はありません。例えば、前述のように小林宏さんが愛煙党を立ち上げ諸派党構想に参加を予定していますが、子供の人権を訴える党の人が、愛煙党の政策を支持しなくても良いのです。

諸派党構想除外要件

諸派党構想は国政政党としてのプラットフォームをその他の政治団体に解放しよう、という構想です。その加入要件は前項で述べたように「政策的に相反する他党が存在しない」「インターネットを使った政治活動が可能」が主なものです。

除外要件は、選挙管理委員会と同じです。そこのルールにさえ則っていれば、私は、その人の能力や常識的な観点で判断することはしません。

2021年1月に戸田市議会議員選挙があり、スーパークレージー君党が一議席獲得しました。スーパークレージー君は、2020年の都知事選で選挙を戦った相手であり、都知事選後、彼と彼のお父さんの訪問を受けて相談を受けたこともあります。

スーパークレージー君は、人間的にはとてもよい青年です。しかし、政治家を目指すにしては知識がなさ過ぎます。流石に戸田市民もそれに気付くだろうから、300票くらいの得票だろうと私は予測していました。しかし、結果は912票を得て当選でした。それを見て私は、

「ああ、世の中の人はよほど既成政党や既得権益に頭に来ているのだ」

と感じました。

だったら政権を奪いに行くチャンスは大いにあります。一つ一つの政治団体が多くの票を取ることは難しいかもしれません。しかし、それらを束ねたら議席を取れるだけの票を獲得できる可能性は十分あります。まず次の選挙で善戦したら世間の注目を浴びて、この諸派党構想の考えが多くの人に知られることとなります。

そして、諸派党構想から立候補したとしても、リスクがなくメリットしかないことに気が付いたら、芸能人、スポーツ選手、人気Ｙｏｕｔｕｂｅｒなど多くのファンを持つ人が参加してくるに違いありません。そうしたら、本当に世の中変わるでしょう。

政見放送に出て自分の存在、やっていることをＰＲするだけでも効果はあります。ビジュアル系バンド「ジャックケイパー」のＹＧさんは、「ジャックケイパーによる若者の未来の為の党」を立党しました。諸派党構想に参加し政見放送を予定しています。彼が諸派党構想に参加するアーティストの先駆者となるでしょう。

ニーズ多様化時代の諸派党構想

昔は日本中のみんなが同じようなテレビ番組を見ていました。録画機能付きビデオデッキが発売される前は特にそうだったのではないでしょうか。東京ですらテレビチャンネルは「NHK総合」「NHK教育」「日本テレビ」「TBS」「フジテレビ」「テレビ朝日」「テレビ東京」の7つのチャンネルしかなかったのです。

それがインターネットの登場によって、発信される情報の数がほぼ無限になりました。YouTube上にチャンネル数がいくつあるのか私は知りません。兎に角、沢山のチャンネル、沢山の情報があります。

このような状況の中でニーズが多様化してきました。諸派党構想からは渡辺くにひろさんが農業党を立ち上げて参加を予定しています。日本の農業の未来を憂い、『次世代への農業のバトンをつないでいく』という彼のスローガンに共感する人は彼を応援するようになるでしょう。

多種多様化した国民のニーズに応える。それを可能にするのが諸派党構想です。

投票率50%の意味

101，236，029人。これは2019年参院選当時の有権者数です。

一億百二十三万六千二十九人がその時の参院選全国比例に投票する権利を有していました。

一方、50，072，192人。これは、その選挙での有効投票数です。有効投票率は49・46%でした。つまり半分以上の人が国会議員を決める選挙に有効な投票をしなかったのです。書き損じや、敢えて無効となる投票をした人もいると思いますが、大半は投票に行かなかったと推測します。なぜでしょうか。

一つには日本が平和だからだと考えられます。今の日本は、軍事政権が国民を殺害するような状況にはありません。だから、政治や選挙に関心がない人が多いのです。これは良いことです。

しかし、投票に行かない人の中には「投票する政党がない」ですとか「やって欲しい政策をやってくれる政党がない」と考えて投票に行かなかった人もいるはずです。

この行先の無い票の受け皿になろうとするのが諸派党構想なのです。

既成政党の状況

２０１９年参院選挙全国比例の有効投票率が49．46％だったことを前項でお話しました。その有効だった票がどこに入ったのかを見ていましょう。

政権与党の自由民主党には１７，７１２，３７３票が入りました。自民党が強い強いと言われていますが、約1億人の有権者のうち、自民党に投票した人の割合は17％なのです。だいたい６人に1人の計算になります。

自民党の次に票を得たのが野党第一党の立憲民主党です。７，９１７，７２０票が立憲民主党に入りました。有権者全体からしたら僅か８％です。

自民党の党員数は１９９１年に約５５０万人に達しましたが、近年では１２０万人弱となっています。

立憲民主党の支持母体である組合員数も減少しています。その他、公明党や共産党の支持層の高齢化も言われています。

既成政党の足元がかつてほどの勢力ではなくなっていることが推察されます。

投票率が半分以下であるのは、日本が平和だからだとお話しましたが、コロナ禍で現役世代は疲弊しています。

既存の政党、政治家に対して不満を抱いた有権者が増加し、それらの人々の票の受け皿となる新しい政党が登場すれば、繰り返し述べている政権交代も決して絵空事ではないことをご理解いただけるのではないでしょうか。

実際、各種世論調査を見ても自民党や立憲民主党など既存の政党を支持している人の割合よりも「支持する政党無し」と回答している人の方が多いのです。

今まで、その受け皿となる新しい政党が登場できないように巧妙に仕組まれていましたが、その門戸を私が解放しました。

「この分野であればだれにも負けない」という知識、経験、情熱をお持ちの方たちの参加をお待ちしております。

例えば歯科医師で国会議員政策担当秘書資格を有している渡辺 稔允さんは「歯周病をぶっ壊す党」を設立し諸派党構想に参加を予定しています。渡辺さんならきっと「歯周病に関しては永田町で右に出る者がいない」存在になれると期待しています。

２０２２年参院選選挙区選挙では74名を擁立

２０１９年参院選の選挙区選挙でＮＨＫから国民を守る党は37人を擁立し得票率３．０２％を獲得しました。これがもし全国45の全ての選挙区に候補者を立てていれば１６４，０００票ほどさらにプラスして獲得し、得票率は３．３％になっていただろうと計算しています。少なくとも８人追加で立候補しても得票がマイナスになることはなかったのです。候補者を立てれば票は入るものですから、沢山の立候補者を擁立すればするほど票は増えるのです。

そこで次回、２０２２年７月の参議院議員通常選挙では、できれば74人の候補者を擁立したいと考えています。

東京都、埼玉県、神奈川県、愛知県、大阪府、北海道、千葉県、兵庫県、福岡県、茨城県、静岡県、京都府、広島県これら定数が２以上の選挙区は有権者も多いので、複数の候補者を出す意味があります。

例えば東京選挙区は定数が６です。この東京選挙区で私の党から公認で６人が立候補したとすると６人全員が政見放送を行うことができます。３００万円で政見放送ができるのです。

候補者を37人から倍の74人にしたからと言って、得票率が３．０２％から倍の６．０４％

になる、ということはないと思います。しかし、候補者数を倍にして、得票率が2％を下回ることはないと考えています。この予想が当たれば、私の党旧称NHKから国民を守る党は2022年からさらに6年間国政政党としての地位を維持することができるのです。

諸派党構想はお金儲けが目的ではない

私はずっと性善説と性悪説のどちらが正しいのか悩んできました。私の考えは、「人は金銭的に豊かであると心も豊かになり他人に優しくできるが、金銭的に厳しい状態になると、心の余裕がなくなり、他人に優しくできなくなり自分勝手になってしまう。つまり性善説も性悪説どちらも正しくて、人はそのおかれた状況により善人にもなるし、悪人にもなる」というものです。

お金は必要以上あると困るとも思っています。お金が必要以上にあると稼ぐ喜びが薄くなり、逆に失う恐さが出てくるからです。

私の元上司は、お金がありすぎて、お金を失う恐怖や自分に近づいて来る人間がお金目当てではないかと疑って、日々怯えていました。もちろんある程度ないと不安ですし、まったくなくなると死んでしまいます。

儲かれば良いという発想は儲かっていない人からしか出てきません。儲かっている人は儲ける事には飽きて別の刺激や生き甲斐を求めているものです。

終章

自由な社会、自由な組織を求めて

最後までお読みいただきありがとうございます。

合法的に差別され新規参入が実質上拒まれている政治団体のために風穴を開けて、国政政党と同じ条件で選挙を戦えるようにしたのが、私が発明した諸派党構想です。

ポイントは、「必要供託金の実質減額」「政見放送の権利獲得」「落選しても得られる活動費」の3点です。

合理的な少数派、ワンイッシューに特化した専門家集団を集めて、1つに束ね、得票率を高めて国政政党の地位を維持すること、そして国会議員を産出し、政権奪取を目指す、それが諸派党構想です。

ただし、諸派党構想そのもので多数派を得ようとは考えていませんし、多数派になれるとも思っていません。

諸派党構想で私の党がキャスティング・ボートを握り、日本維新の会や国民民主党、れいわ新選組と言った比較的新しい政党と連立して政権を取ることになるだろう、と予想しています。

諸派党構想に集まる人たちは少数派であることを厭わない人たちです。しかし、世の中には多数派でいることに安心感を覚え、多数派に属している自分が好きだという人も多くいます。私はそれを否定しません。

また、諸派党構想は、自由を愛する人たちの集まりになるはずです。そして、世の中には自由であることをありがたいと思わない人たちがいることも事実です。自分の意思で決断し行動するよりも会社では上司に言われたことをして、家庭では配偶者に言われたことをしている方が楽で良い、と言う人もいるのです。だから、諸派党構想では多数派にはならない、と考えています。

私自身は自由であることをとても大切にしています。「他人の迷惑にならないのならやりたいことをやればいい」が私のモットーです。

しかし、今までは組織に属することで自由が犠牲になってきました。これを私は変えたいのです。「組織のメリットのみを享受し、デメリットは除外された環境」、それを作りたいのです。NHKから国民を守る党はそのような組織づくりをしてきましたし、諸派党構想もそれを目指しています。

この本では、一般の方にもイメージしやすいように、諸派党構想に参加する政治団体は「傘下に入る」という表現を使いました。しかし、実際は、諸派党構想のプラットフォームになる国政政党と参加する政治団体の関係に「上下」はありません。日々の活動や組織内の人事に関してプラットフォームが指示・命令を出すことはないのです。「参加する政治団体は独立を維持する」と前述したのはそういうことです。

私は人から命令されることが嫌いです。そして、人に命令することも嫌いです。

年長の方というのは一般的に自分よりも経験が豊富で敬うべき対象だとは思います。しかし、ただ、「年上だから」「先輩だから」「上司だから」というだけで、合理的な理由もなく、その人の指示、命令、言うことを聞かなければならない、という状況がどうしても好きになれないのです。

永田町と言うところは、合理的な意見よりも人間関係が優先されます。「学閥」「門閥」「閨閥」「派閥」など同じ釜の飯を喰った仲間や先輩の意見が合理性を超えて通用する社会を変えたいと考えています。全体を変えることは難しくても、部分的にでも合理的な意見や個人の意思が尊重される環境、集団を作りたいと考えています。

旧称ＮＨＫから国民を守るには指揮命令系統がありません。党としての方針は示し、得をするアイデアを説明して提案することはありますが、強制はしません。

所属議員や党関係者に取材していただければ分かりますが、構成員には発言の自由がありま す。「広報を通してください」とか「上司に確認してから折り返しご回答いたします」などという人間はいないはずです。

私は世論、有権者の意識を確認するために選挙を多用します。分かりやすい表現で言うと「選挙で実験をする」のです。この実験の主旨が立候補者本人にうまく伝わらず、比較検証ができなくなったことがありました。つまり実験にならなくなったのです。しかし、その選挙における党の方針よりも候補者の意思を優先しました。

日本社会というのは自由よりも「公共の福祉」や「公序良俗」という「他人の迷惑にならな

いのなら」という部分に重きを置き過ぎる傾向があるように思います。しかし、全く他人に迷惑を掛けずに生きていくのは不可能ですし、迷惑を掛けないことを気にしすぎるとどんどん窮屈な社会になっていってしまいますので、できるだけ自由に重きを置きたいと考えています。

休みたくなったら休めばよいいし、辞めたくなったら辞めればいいのです。私の党には辞める自由があります。

しかし、辞めたい人を辞めさせない組織というのは存在しますし、国民の間にも我慢をすることが美徳、価値がある、とする風潮があるように思います。

私は、「我慢の先にあるのは更なる我慢」だと考えています。やってみなければ分かりませんし、入ってみなければ分からないものです。そして、やってみて、入ってみて、自分に合わないことが分かったらどんどんやり方ややること、やる場所を変えていけば良いのです。いつか必ず自分に合ったものが見つかります。逆に、そうしなければ、自分に合う環境、自分のやりたいことに出会うことはできないのではないでしょうか。

「やめる自由」「失敗する勇気」があればどんどん挑戦することができるようになります。挑戦し、行動した数が多ければ多いほど成功に近づいていきます。そして、失敗を許容する風土が広がり、挑戦する人が増え、各分野で成功する人が溢れる社会になれば日本はもっともっと活気づいて、明るく、楽しい社会になるのではないでしょうか。

一度の選挙で落選したら、それで終わりだと考える人が少なからずいます。しかし、ご覧いただいたように私は3度目の選挙で当選しました。ＮＨＫとの裁判は14年続けていて多くの負けを経験しました。しかし、弁護士法違反で最終的には大きな勝ちを収めると確信しています。落選したり、失敗したとしてもあきらめない限り失敗ではないのです。

目標に向かって行動することは楽しいことです。それを継続していることが成功なのです。

このような考えに共感してくれる人の参加をお待ちしています。

政界からの早期引退が私の望み

私は大勢の人間から尊敬される人間ではないし、尊敬されたいという欲求もありません。毎日好きなパチンコでそこそこのお金を稼ぎ、週末には草野球をして、飲みたい時は飲んで、寝たい時は寝る、という気ままな生活をして過ごしたいのです。

他人に羨ましがられる事はあっても尊敬されることはないと自覚しています。私は自分勝手な人間なので、自分のやりたい事をやってきただけなのです。ＮＨＫに対する戦いも自分の生き甲斐の為にやってきました。

諸派党構想のグループが政権を取ったら一時期は民間大臣として改革に参加する必要があるかもしれません。しかし、私は選挙のプロデューサーとして、政治家にふさわしい人を当選させて国会に送り届けることに適した人間です。そして、ある程度の方向性が定まったら、政界から引退して2ちゃんねるに書き込みをしていたあの頃のように、穏やかで気ままな生活に戻りたいのです。

あなたが諸派党構想に参加してくださることで私の夢を叶えてくださることを願って筆を置きます。

もとい、ＮＨＫの会長がやれるのでしたら、しばらく静かな生活は我慢します。今のＮＨＫを救えるのは私しかいません。私にはＮＨＫの各種トラブルを解決し、国民の理解を得る組織に生まれ変わらせる自信があります。ご連絡、お待ちしております。

[著者]
立花孝志（たちばな・たかし）
1967年8月15日生まれ
1986年04月 NHK入局 和歌山放送局 庶務部に配属
1998年07月 NHK本部報道局 スポーツ報道センター（企画・制作）に異動
2004年07月 NHK本部編成局（経理）に異動
2005年04月 週刊文春でNHKの不正経理を内部告発
2005年07月 NHKを依願退職
2005年08月 フリージャーナリストとして活動開始
2011年11月 インターネットテレビ「立花孝志ひとり放送局」の放送を開始
2013年06月 政治団体【ＮＨＫから国民を守る党】初代代表に就任
2015年04月 千葉県【船橋市】議会議員選挙 初当選
2016年07月 東京都【知事】選挙に立候補【ＮＨＫをぶっ壊す！】が流行
2017年11月 東京都【葛飾区】議会議員選挙 当選
2019年07月 第25回参議院議員通常選挙 比例区 当選

諸派党構想　我々は政権を奪取する

2021年8月30日　第1刷発行

著　者 —— 立花孝志
発　行 —— 日本橋出版
〒103-0023　東京都中央区日本橋本町2-3-15
https://nihonbashi-pub.co.jp/
電話／03-6273-2638
発　売 —— 星雲社（共同出版社・流通責任出版社）
〒112-0005　東京都文京区水道1-3-30
電話／03-3868-3275
装　丁 —— 大島拓哉
本文DTP —— 渋谷武史
編集協力 —— 森山英樹
校　正 —— 日本橋出版
印刷・製本 —— モリモト印刷株式会社

ISBN 978-4-434-29357-3